Karl Friedrich Heinrich Marx

Ueber das Vorkommen und die Beurtheilung der Hundswuth in alter Zeit

Karl Friedrich Heinrich Marx

Ueber das Vorkommen und die Beurtheilung der Hundswuth in alter Zeit

ISBN/EAN: 9783743488632

Hergestellt in Europa, USA, Kanada, Australien, Japan

Cover: Foto ©ninafisch / pixelio.de

Manufactured and distributed by brebook publishing software (www.brebook.com)

Karl Friedrich Heinrich Marx

Ueber das Vorkommen und die Beurtheilung der Hundswuth in alter Zeit

Ueber

das Vorkommen und die Beurtheilung

der

Hundswuth

in alter Zeit.

Von

K. F. H. Marx.

Aus dem siebzehnten Bande der Abhandlungen der Königlichen Gesellschaft der Wissenschaften zu Göttingen.

Göttingen,
in der Dieterichschen Buchhandlung.
1872.

Vorbemerkungen.

§. I.

Hundswuth und Krebs sind die beiden Krankheiten, welche der noch so sehr von seiner Kunst begeisterte Jünger des Aeskulaps für unheilbar, für scandala medicorum erklären muss. Aus allen Heilversuchen der Vergangenheit und Gegenwart tönt der niederschlagende Ruf: non possumus. Der Arzt weicht hier dem Chirurgen; allein dieser vermag den hier eingenommenen Platz keineswegs immer durch einen glücklichen Ausgang zu rechtfertigen.

Von einem sichern, durch die Wissenschaft beglaubigten Heilmittel gegen die Hundswuth kann bis jetzt um so weniger die Rede seyn, als der Ansteckungsstoff, welcher sie erzeugt und der dadurch im Organismus bedingte Vorgang noch ungelöste Probleme sind.

Dessenunerachtet dienen die noch so gehäuften Beschämungen über die Erfolglosigkeit der gethanen Vorschläge zur Bezwingung dieser Gewalt nicht zur Warnung. Es finden sich immer wieder unberechtigte Competenten um Erlangung des Preises für die vergebens gesuchte Panacee. Indem sie die vom Schicksal begünstigten Anstrengungen ihrer Bemühungen triumphirend hervorheben und die Unfähigkeit ihrer Vorgänger bemitleiden, verheissen sie mit bestechender Zuversicht ihre unfehlbare Hülfe. Manche trösten sich, wenn abgefertigt, mit dem Spruche: et voluisse sat est. Manche sind befriedigt, wenn nur ihr Name genannt und ihre vergebliche Anpreisung erwähnt wird.

Die Menge lässt sich täuschen, weil sie vom bereits Abgeurtheilten keine Notiz nimmt, von ernster Prüfung keine Ahnung hat, den Schein für Wahrheit hält, in Hoffnungen lebt, den Wechsel liebt, nach Neuem verlangt, an Wunder glaubt, und ungeduldig harrt, um Beifall klatschen oder auslachen zu können.

§. II.

Wenn Aerzte von glücklichen Curen der Wasserscheu reden, so kann nicht an das durch unmittelbare Berührung des Speichels und Schleimes aus der Mundhöhle oder des Blutes toller Hunde entstandene Leiden gedacht werden, sondern nur an eine, wie solche symptomatisch sich zeigen kann durch gewaltsame Gemüthsbewegungen, namentlich Zorn, durch blosse Einbildung als psychische Affection[1], durch Hypochondrie[2], Hysterie[3], Epilepsie, Entzündung des Herzens, Zwerchfells, der Gebärmutter[4], durch Typhus u. s. w. Dabei kommt nicht sowohl die Scheu vor dem Wasser in Betracht als die Beschwerde beim Schlingen von Flüssigkeiten.

Dann ist nicht zu übersehen, dass ein Hund, der an der Beisskrankheit leidet, mit Unrecht für toll gilt und dass ein dadurch Verletzter, dem die Angst die Zufälle der Wasserscheu erzeugt, davon be-

---

[1] Ueber derartige Verwechslungen mit wahrer Hydrophobie enthält interessante Mittheilungen C. H. Parry, Cases of Tetanus and Rabies contagiosa. London. 1814. 8. p. 73 u. s. w.

[2] E. F. Dubois, de l'Hypochondrie et de l'Hystérie. Paris. 1833. 8. p. 229 u. s. w.

[3] M. vergl.: L. Meyer, Ueber akute tödtliche Hysterie in Virchow's Archiv für path. Anatomie. B. IX, S. 98 ff., wo bemerkt wird, dass zuweilen Hysterie und Epilepsie durch die Affection der Schlingorgane eine auffallende Analogie mit Hydrophobie zeigen.

[4] Einen solchen Fall erlebte J. B. M. Sagar bei seiner eigenen Frau: Uxor mea ex metritide metrorrhagica decumbens hydrophobica erat sine rabie seu desiderio adstantes mordendi; haec hydrophobia contagiosa non erat, exspuit enim saepius aegra in faciem ancillae salivam et mucum absque omni malo servienti communicato (Systema Morborum symptomaticum. Viennae. 1776. 8. p. 739).

freit werden kann, wenn der Uebelthäter als gesund ihm gezeigt wird. Grund genug, um den Verdächtigen nicht zu tödten, sondern einzusperren und zu beaufsichtigen.

Aus Verwechslung der ohne Mittheilung des Contagiums entstandenen Wuth mit der wahren müssen die vielfach dagegen angerühmten, durch alle möglichen Zeugnisse belegten, Präservativ- und Heilmittel erklärt werden.

§. III.

Ein sinniger Einfall bedarf keines Vorstndiums, ein guter Rath keines langen Besinnens, aber um in einer hochwichtigen Angelegenheit nicht nur mitreden, sondern die Welt belehren zu wollen, ist mehr erforderlich als ein glücklicher Gedanke und eine wohlmeinende Gesinnung. Da heisst es, den Gegenstand nicht einseitig, sondern allseitig aufzufassen, das Einzelne und Ganze klar zu überlegen, Gründe und Gegengründe mit besonnener Ruhe gegen einander abzuwägen.

Eine seit Jahrhunderten ungelöst gebliebene Aufgabe mag durch die Inspiration eines Augenblicks gehoben werden, allein einem materiellen, durch die mannigfachsten Umstände modificirten Bedürfnisse ist durch eine sinnige Vermuthung, durch eine überraschende Schlussfolgerung nicht abzuhelfen. Hierzu bedarf es des tiefen Versenkens in die Untersuchung, des angestrengten Nachdenkens, der genauen Bekanntschaft mit den Leistungen Anderer und Jahre lang fortgesetzter vergleichender Versuche, um eigene und fremde Einwürfe zu entkräften, das Wahrscheinliche zum Gewissen, das Passende zur leitenden Methode, das Erprobte zur einfachen Regel und zum gültigen Gesetze zu erheben.

In der Aussicht, dass es auf diese Weise oder durch einen gebenedeiten Zufall doch noch gelingen [5]) werde ein sicheres Mittel gegen

---

[5]) Diese Hoffnung äusserte, freilich schon vor hundert Jahren, der treffliche John Fothergill (Works ed. by J. C. Lettsom. London. 1783. Vol. II. p. 244) mit den Worten: some fortunate event may, at length, make us better acquainted with the nature of this poison, and point out a specific remedy.

diese Krankheit kennen zu lernen, muss, trotz aller bisherigen vergeblichen Bemühungen, unverdrossen fortgestrebt werden.

§. IV.

Da keine der unzähligen empfohlenen Arzneisubstanzen (remedia antilyssa), weder die einfachen, noch die daraus angefertigten Compositionen, noch die Geheimmittel (Arcana, Nostrums), bis jetzt die ausgebrochene Krankheit zu heilen vermögen, so gilt als Anker der Rettung blos die äussere Behandlung der Bissstelle.

Dieser Prophylaxis ist die Möglichkeit des Gelingens nicht abzusprechen.

Gestützt nemlich auf die Thatsache, dass der Ansteckungsstoff nicht gleich zur Aufsaugung gelangt, sondern in der Wunde latent bleibt, hat man Zeit, denselben zu zerstören und durch eine profuse Eiterung oder Verschwärung zur Ausscheidung zu bringen.

Diesen wohlthätigen Dienst verrichtet am besten, weil dadurch die frühe Schorfbildung abgehalten wird, das geschmolzene Aetzkali (der Aetzstein, lapis causticus Chirurgorum).

An ähnlich wirkenden Stoffen ist kein Mangel; allein da sie weniger zuverlässig sich verhalten, so darf man sie nur, wenn der bewährteste nicht gleich zur Hand ist, wählen. Auf diesen Rath müsste bei jeder Gelegenheit hingewiesen werden, weil, nicht nur in der Anwendung von Volksmitteln, sondern auch in der der Heilkünstler, meistens das Herkömmliche, das, was im eigenen nächsten Kreise geglaubt und hochgehalten wird, entscheidet und es lange dauert, bis die bessere Einsicht, wenn gleich bedeutende Auctoritäten und die numerische Methode dafür stimmen, sich allgemeinen Eingang zu verschaffen weiss.

§. V.

Die Masse der über die Hundswuth veröffentlichten Mittheilungen ist so ungeheuer, dass es keine leichte Arbeit ist sie gesammelt zu verzeichnen. Jedes Land besitzt darüber eine eigene Literatur. Das Meiste besteht in Erzählung einzelner Fälle. So wichtig diese auch sind, so hat doch die stete Wiederholung bekannter Dinge etwas Ermüdendes, um so mehr, wenn Wesentliches übersehen, Unwesentliches ausführlich vorgeführt wird, wenn Zweifel und Bedenken in Betreff der richtigen Beobachtung sich regen, wenn der Verfasser in Selbsttäuschung befangen erscheint, oder es wagt den Leser auf Unkosten der Sache durch Fictionen für sich einzunehmen. Um so erfreuender und belehrender sind diejenigen Krankengeschichten, welche ebenso einfach als bestimmt und objectiv gehalten das Geschehene erwähnen, das Hauptsächliche darlegen, vorsichtig erklären, neue Gesichtspuncte eröffnen, neue Aufschlüsse ertheilen und Dunkelheiten mit wissenschaftlichem Scharfsinne aufzuhellen sich bemühen.

§. VI.

Um über die in dieses Gebiet einschlägigen Fragen sich zu unterrichten und mit den bereits gewonnenen Resultaten der Untersuchung sich bekannt zu machen, können, nach reiflicher Abwägung, unter der Unzahl von Schriften, folgende genannt werden:

Rust, J. Nep., Ueber die durch den Biss eines Hundes veranlasste Wasserscheu und ihre Behandlung. In dessen Magazin für die gesammte Heilk. Bd. I. Berlin. 1816. S. 97—174.

Harder, J., Heilung der schon ausgebrochenen Hydrophobie. In den vermischten Abhandl. aus dem Gebiete der Heilk. von einer Gesellsch. pract. Aerzte zu St. Petersburg. St. P. 1821. 8. Samml. I. S. 170—187.

Saint-Martin, A. F. C., Monographie sur la rage. Paris. 1823. 8.

Blaine, Delabere, Canine Pathologie. London. 1824. 8.

Silbergundi, Beobachtung einer schnell tödtlich gewordenen Hydrophobie nebst einigen Bemerkungen über diese Krankheit. In Harless Neuen Jahrb. Bd. 12. 1826. St. 2. S. 100—141.

Sulzer, F. G., Urban's Behandlungsart der von tollen Hunden Gebissenen. In Hufeland's Journ. der pract. Heilk. 1826. Bd. 63. Julius. S. 1—38.

Hertwig, Beiträge zur näheren Kenntniss der Wuthkrankheit. Ebend. 1821. Auch einzeln. Berlin. 1829. 8.

Faber, W. E., die Wuthkrankheit der Thiere und des Menschen. 2 Theile. Carlsruhe. 1850. 8.

§. VII.

An die literärische Ausbeute der Veterinärkunde, Chirurgie, Medicin reiht sich hoffentlich bald an die der Psychiatrie. Die bereits vor Jahrhunderten [6]) aufgeworfene Frage, ob diese Krankheit ein Leiden der Seele oder des Körpers sey, erwartet noch ihre gehörige Beantwortung. Manche ihrer Namen, wie rabies daemoniaca, maniaca, Canine madness, scheinen dazu aufzufordern.

Dieses Desiderat wird besonders dadurch gerechtfertigt, weil die Psychiatrie ihre Heilungen zu erreichen bestrebt ist durch Vermeidung bedenklicher Methoden, eines eingreifenden Verfahrens oder gar schonungsloser Gewaltsmassregeln.

Vor Allem wird sie, wenn sie sich zur Betheiligung bereit erklärt, festzustellen haben, ob die Wuth eine durchaus nothwendige [7]) Folge der Ansteckung ist, oder blos ein Zufall der krankhaft erhöhten Einbildungskraft und der Verwirrung der Sinne, veranlasst durch die allgemein verbreitete Meinung, die Tollheit müsse ausbrechen, bei der Beobachtung, wie die Umgebung steigend von Angst erfüllt bleibt und durch die eigene zunehmende Todesfurcht.

Dass wahrscheinlich ein bedeutender Antheil der beunruhigendsten Symptome durch die nicht nothwendige psychische Erregung veranlasst wird, zeigen die Kinder, wenn sie von dieser Krankheit befallen werden. Indem sie unbekannt mit den Folgen sind, bleiben sie ohne die ergreifenden Zufälle und ohne Tobsucht.

---

6) Caelius Aurelianus, Acut. Morb. ed. Amman. Amstelaedami. 1709. 4. Lib. III. Cap. XIII. p. 223: Utrumne animae an corporis passio sit hydrophobia. Omnis phantasia animi non corporis esse — Hydrophobi phantasia jactantur. Animi passiones nostri sunt judicii: hydrophobica autem passio ex corporis necessitate descendit.

7) J. P. Frank (System einer vollst. med. Polizey. Bd. 4. Mannh. 1788. S. 284) sah selbst einen vom tollen Hunde Gebissenen, der bis zu seinem Ende nicht wüthete.

Wurde den Störungen in den Aeusserungen des Verstandes des Hundes schon wissenschaftliche Aufmerksamkeit zugewandt[8]), um wie viel mehr muss es beim Menschen geschehen, da er in diesem Zustande Dinge zu sehen und zu hören vorgiebt, wovon die Gesunden nichts bemerken und er eine Unruhe zeigt, wie einer, der an Delirium tremens leidet.

Die Vorstudien[9]) dafür sind allerdings noch sehr gering.

Die altdeutsche[10]) Bezeichnung für einen tollen Hund lautet merk-

---

8) M. vergl.: W. Youatt, The Dog. London. 1852. 8. p. 131. — C. W. Hertwig, die Krankheiten der Hunde. Berlin. 1853. S. 19. 57. — E. Hering, Specielle Pathologie und Therapie. 3. Aufl. Stuttgart. 1858. S. 600. — Virchow, Zoonosen im Handb. der spec. Path. und Ther. Erlangen. 1855. Bd. 2. S. 348.

9) A. Marshal (the morbid anatomy of the brain in mania and hydrophobia. London. 1815. 8) verwandte viele Sorgfalt auf die Art und die Zeit, wie und wann die geistige Störung eintritt. Ueber deren Bezeichnung sagt er (p. 88): it appears that some judicious observers call it dilirium, and not madness; if this be their meaning, the insanity is admitted, and it is needless to dispute about two terms which convey much the same meaning.

Da man in den Leichen der an der Hydrophobie Gestorbenen fast gar keine Abweichung von der Norm entdeckt, so hoffte R. Bright (Reports of medical cases. Vol. II. London. 1831. 4. p. 582), dass die bis jetzt vorhandene erfolglose Einsicht in die Natur und Behandlung dieser Krankheit Aufklärung zu erwarten habe von der Analogie mit ähnlichen Nervenleiden, welche gleichfalls keine Strukturfehler erkennen lassen, wie Chorea, Epilepsie, Tetanus.

E. F. Dubois (de l'Hypochondrie et de l'Hysterie. Paris. 1833. p. 232) vermuthete ganz richtig, dass beschriebene Fälle von Hydrophobie rabiforme nichts weiter waren als monomanie hydrophobiaque, dass aus einer gefassten falschen Ansicht die gefährlichen Erscheinungen sich bilden können. Das Wesentliche dieser Krankheitsform bestehe in einer lésion toute morale dans le principe, marquée par une erreur dominante.

Pierquin (de la folie des Animaux. Paris. 1839. II. p. 91) bemerkt: la maladie nommée rage n'est absolument autre que celle nommée, chez l'homme, manie éphémère ou aigue. Leider sind beide Theile so sehr ohne alle Kritik verfasst, dass sie eine ernsthafte Benutzung nicht zulassen.

10) Toll, im Niedersächsischen dull, im Englischen dull, gleichbedeutend mit närrisch, dumm.

Im Narrenschiff von Sebastian Brant kommt vor: »jrrten, wie eyn douber

würdiger Weise, weil er seiner Sinne nicht mächtig ist[11]), „tauber Hund".

So zeigt also schon die Sprache, dass dieses Leiden Erleichterung und Hülfe von einer Wiederherstellung der in Unordnung gebrachten höheren Verrichtungen erwarten[12]) darf.

Möge es der Seelenheilkunde gelingen, genauer als bisher, die Vorläufer der Wasserscheu und die als constant zu bezeichnende Aufeinanderfolge der Erscheinungen zu ermitteln, sowie die dem gewöhnlichen Kunstverfahren trotzende Naturgewalt durch den Geist zu beherrschen und zum rettenden Ziele zu leiten!

§. VIII.

So nothwendig es ist auf eine so furchtbare und tödtliche Krankheit durch Volksschriften aufmerksam zu machen, ihre Zeichen genau anzugeben, die Mittel, um dem Ausbruche vorzubeugen, allgemein verständlich und leicht anwendbar zu lehren, so unerlässlich ist es, auf das Eindringendste vor übereilter Annahme des Statt findenden Leidens zu warnen, genau die möglichen Verwechslungen mit ähnlichen Affectionen bemerklich zu machen, übertriebene Vorstellungen von der Gefahr sowie nicht gerechtfertigte Besorgnisse zu beseitigen, darauf bezügliche mährchenhafte Erzählungen zu berichtigen, die Furcht zu mässigen, eine bereits vorhandene gewaltsame Aufregung zu besänftigen, die Aeusserungen der Verzweiflung niederzuhalten, möge das Gestörtseyn des Seelenlebens sich als Manie oder Melancholie kund geben.

Es ist hervorzuheben, dass der Biss eines wirklich tollen Hundes nicht jeden krank macht, sondern nur einen oder den andern und dass

---

hundt«, M. s. die Ausgabe von Fr. Zarncke. Leipzig. 1854. 8. Cap. 95. 51. S. 91. Dazu Commentar S. 438. »Ertoubt« für sinnlos (S. 320), »toub« für verrückt (S. 397).

11) Wie nachher bei den Juden und Persern gezeigt werden wird, heisst auch in der hebräischen und persischen Sprache ein toller Hund ein nicht bei Verstand seyender.

12) In der Synopsis Nosologiae methodicae von G. Cullen, cur. J. P. Frank. Ticini. 1787., steht (p. 194) die Hydrophobia zwischen Hysteria und Vesaniae.

von den Verwundeten viele vollkommen gesund bleiben [13]) können. Gesetzt auch dass Jeder für den Ansteckungsstoff die Receptivität besitzt, so kann der Speichel durch wiederholte Bisse völlig abgewischt, nicht weiter abgesondert und so auch nicht in die Wunde gedrungen seyn.

Auffallend ist es, dass in den Rathschlägen der früheren Jahrhunderte mehr die Sicherung der Thiere [14]) als der Menschen hervorgehoben wurde.

Als Auctorität in Entscheidung der Frage, ob ein Hund für toll zu halten oder nicht, galt der Hirte, Wasenmeister, Abdecker [15]). Von wissenschaftlich gebildeten Thierärzten und Thierarzneiinstituten war keine Rede.

Bedenkt man nun, dass jene Leute an vielen Orten für unehrlich [16]) gehalten, ängstlich gemieden, ausser der menschlichen Gesellschaft sich befanden, so begreift es sich, wie auch die Veranlassung dazu durch Untersuchung eines angeblich wuthkranken Hundes, um nur nicht mit ihnen in Berührung zu kommen, möglichst rasch abgethan, unterdrückt und verschwiegen wurde.

Dem Frohn als Abdecker lag die Pflicht des „Hundeschlagens" [17])

---

13) M. vergl. C. H. Parry, Cases of tetanus and rabies contagiosa. London. 1814. 8.

14) So findet sich in den Briefen des Winfried, des heiligen Bonifacius, des Apostels der Deutschen [755 erschlagen], aus dem Jahre 751 folgende Stelle: De animalibus, quae a furentibus, id est, rabidis lupis et canibus fuerint lacerata, oportet ea a caeteris separari, ne furentes et mordentes caetera coinquinent. Quod si pauca sunt, in foveam projicienda sunt.

15) So erzählte noch C. F. Buchheim einen Fall aus seiner Praxis, wo das verdächtige Thier dem Scharfrichter zur Beobachtung übergeben worden war und dieser den Ausspruch gethan hatte (Zeitschrift für Natur- und Heilkunde. Dresden. 1825. Bd. 4. S. 21).

16) Otto Beneke (Von unehrlichen Leuten. Hamburg. 1863. 8. S. 134) sagt: »jede Berührung der Hand des Henkers beschimpfte; man floh seine Nähe« oder (S. 167): »sein Betreten der Hausschwelle beleidigte die Hausehre«. M. lese auch (S. 196—208): der Wehe schreiende Stein Husum's.

17) Bencke ebend. S. 177.

ob, nemlich in der Sommerzeit, zur Verhütung der Hundswuth, herrenlose Hunde zu beseitigen.

Gesetzliche Verordnungen, um nachtheilige Einwirkungen auf das Wohl der Einzelnen fernzuhalten, wenigstens in ihren Folgen zu beschränken, sucht man hinsichtlich der durch die Wuth drohende, in den früheren Jahrhunderten vergebens [18]).

Auch bleibt es zweifelhaft, ob die gebrauchte Bezeichnung toll auf Krankheit zu beziehen ist oder nur auf die ungezähmte, wilde [19]), bissige Art der Thiere, wie z. B. im Longobardischen Volksrecht [20]) vom Jahre 643.

Möglich, dass der zugefügte Schaden ohne Weiteres verziehen oder, nach dem Herkommen eines patriarchalischen Rechts, durch Uebereinkommen der Betheiligten vermittelst einer Geldbusse ausgeglichen wurde.

Was in dieser Beziehung durch Versäumniss polizeylicher Edikte zuerst zu wenig, oder nicht bestimmt genug, geschah, das wurde vom Anfange des 18. Jahrhunderts an mehr als ausgeglichen, indem die einzelnen Regierungen im Erlassen dahin zielender erschöpfender Befehle sich überboten.

Nur beispielsweise [21]) möge verwiesen werden auf die Ermahnungen

---

18) Von policeylichen Sicherheits-Anstalten findet sich im attischen Strafrechte blos ein Gesetz über Befestigung beissiger Hunde. M. s.: W. Wachsmuth, Hellenische Alterthumskunde. Halle. 1846. 8. Bd. 2. S. 224.

19) Wie später beim Homer bemerkt werden wird.

20) Si canis aut caballus aut quodlibet peculium rabiosum factum fuerit et damnum fecerit in homine aut in peculium, non requiratur a Domino, et qui ipsum occiderit, simili modo non requiratur. Leges Longobardicae. Edictum Rotharis 329. Corpus Juris Germanici antiqui ed. F. Walter. T. I. Berolini. 1824. 8. p. 740.

21) Für Baden: Vollständige Sammlung der Regierungsblätter. Carlsruhe. 1834. 4. Bd. 2. S. 285.

Für Bayern: G. F. Kramer, Repertorium der älteren und neuesten Gesetze über die Medicinal-Verfassung. Augsburg. 1832. Bd. 1. S. 223.

Für die Braunschweig-Lüneburgischen Churlande: J. H. Jugler, Repertorium über das Medicinalwesen. Hannover. 1790. 8. S. 134.

zur Beaufsichtigung und Ablieferung verdächtiger Hunde in die Thierarzneiinstitute, auf die Vorkehrungen über ihre Beseitigung, auf die, aus einem uralten Aberglauben stammenden, Rathschläge zur Verhütung durch Ausschneiden des sogenannten Tollwurms unter der Zunge etc. Erst als das Medicinalwesen genau ins Auge gefasst und bearbeitet, die Staatsarzneikunde, Medicinal- oder Sanitätspolizey zur besonderen Lehre erhoben, in eigenen Schriften abgehandelt und die öffentliche Gesundheitspflege von zahlreichen ärztlichen Beamten wahrgenommen wurde, gewann die Sorge für die Hundswuth gesicherte Anhaltspunkte und regelmässigen Schutz.

Auch wird von dieser Seite das wahrhaft Heilsame immer mehr angeordnet und ausgeführt werden.

§. IX.

Bei den öfteren Widersprüchen der Ansichten des ärztlichen Personals hinsichtlich ihres Thuns und Lassens wurde es für nöthig erachtet in Nothfällen den einzuschlagenden Weg des Verfahrens allgemein verständlich vorzuzeichnen und den Behörden die Befolgung der ertheilten Anweisungen zu empfehlen [22].

Für Lippe: G. H. Berg, Sammlung teutscher Polizeygesetze. Hannover. 1806. 8. Th. 2. Bd. 1. S. 675.

Für Oestreich: J. D. John, Lexicon der K. K. Medizinalgesetze. Prag. 1790. 8. Th. 2. S. 57.

Ferro, Lobes, Böhm, Sammlung der Sanitäts-Verordnungen. Wien. 1824. Th. 3. S. 203. 261. 331. Th. 4. S. 249. 261. Th. 6. S. 11. 158.

A. Schauenstein, Handb. der öffentlichen Gesundheitspflege in Oestreich. Wien. 1863. 8. S. 180.

Für Sachsen: C. G. Kühn, Sammlung der Medicinalgesetze. Leipz. 1809. 8. S. 149. 302. 307. 392.

K. G. Schmalz, Sächsische Medicinal-Gesetze. Dresden. 1819. 8. S. 173.

Für Preussen: F. L. Augustin, Preussische Medicinal-Verfassung. Potsdam. Bd. I. S. 552. Bd. 3. S. 299. Bd. 4. S. 426. Bd. 5. S. 288. Bd. 6. S. 497. Bd. 7. S. 203.

22) Aus diesem Gesichtspunkte schrieb schon im Jahre 1784 J. P. Frank

Um den getroffenen Anordnungen Eingang zu verschaffen und Jedermann in Stand zu setzen sich darnach richten zu können, sind sie in den Schulen zu lehren, von den Kanzeln wiederholt zu verkündigen und in den gelesensten öffentlichen Blättern zu verbreiten.

Als Prinzip für die Vorsicht muss gelten: eine sorgfältig ermittelte Thatsache, welche das Gefährliche beweist, höher zu achten als noch so viele Mittheilungen, welche das Gegentheil darzuthun sich bemühen. Die numerische Methode darf hier nicht entscheiden.

Abergläubische Gebräuche und Volksmittel [23], wenn sie nicht die erregte Einbildungskraft herabzustimmen und das besorgte Gemüth zu beruhigen vermögen, sind zu bekämpfen und zu verbannen, dafür überlegtes, besonnenes, theilnahmvolles Handeln anzuempfehlen.

Ist der Kranke gegen bewegte Luft, Licht, Geräusch sehr empfindlich [24], so muss gewissenhaft darauf Rücksicht genommen werden.

Die Theilnahme darf jedoch nicht übertrieben, verkehrt, strafbar werden, indem sie z. B. auf die Bitten des Wüthenden eingeht, seinen Qualen, durch Einathmungen von Aether oder Chloroform, ein Ende zu machen.

Die gesetzlichen Vornehmungen zur Sicherung des Publikums vor einem Gebissenen dürfen nicht der Art seyn, dass Rücksichten auf dessen Gefühle vernachlässigt werden. Er ist so human als möglich zu behandeln und es muss darauf gesehen werden, dass alle Beeinträchtigungen seiner billigen Wünsche vermieden werden. Sollte Isolirung, Befestigung durchaus nothwendig erscheinen, so ist ein derartiger Eingriff durch Bitten und freundliches Zureden, nicht durch verletzende Gewalt zu erlangen. Dass Lästerungen gegen Gott und Menschen, weil ohne volles

---

unter dem angenommenen Namen J. C. Danielevsky eine Abhandlung: de Magistratu, medico felicissimo, die er auch aufnahm in seinen Delectus opusc. med. Vol. 5. Ticini. 1788. 8. p. 70—120.

23) M. s.: J. F. Osianders Volksarzneimittel. Dritte Aufl. Tübingen 1838. 8. S. 532 etc.

24) Wegen der Luft- und Lichtscheue heisst die Krankheit auch Pneumatophobia, Photophobia.

Bewusstseyn geschehend, nicht mehr geahndet[25]) werden, darf wohl von dem jetzigen Bildungsgrade erwartet werden.

Ausdauer in der Liebe[26]) bei diesen Unglücklichen kann man nicht gebieten, aber man wird sie bei der immer steigenden Humanität erwarten dürfen. Da wo es gilt, bewährt sich das Bedürfniss der Aufopferung und nur bei harten Gelegenheiten geben sich die Gesinnungen kund, die guten wie die bösen.

§. X.

Ein Uebel, welches, wo es auftritt, eine ganze Gegend mit Angst erfüllt, musste gleich im Anfange, nachdem man einsah, dass dasselbe nicht im Menschen selbst entsteht, sondern ihm vom Hunde angethan wird, zur Vorsicht gegen diesen veranlassen, der Sprache, namentlich der Dichter, Stoff zum Ausdruck des Schreckens und der Furcht verleihen und Veranlassung werden, dass sich darauf Bezug habende allegorische Bezeichnungen bildeten. Die Erfahrung, dass gerade das dem Menschen anhänglichste Thier, welches ihm in alle Klimate folgt, dieses Symbol der Treue, ihn unrettbar verletzen kann, musste tief empfunden werden.

Werden dessen unerachtet hinreichende Anordnungen zur Abhaltung des drohenden Unheils vermisst, so ist deren Mangel wohl davon abzuleiten, dass ursprünglich alle grossen Uebel einer Schickung, dem Zorn und der Strafe der Götter zugeschrieben und die Veranstaltungen, diese

---

25) Im Glossarium mediae et infimae latinitatis von Du Cange (ed. Henschel. Parisiis. 1845. 4. T. V. p. 572. Art: Rabiditas) heisst es: Literae remissae ann. 1446 pro hominibus villae de Vissous prope Parisios, qui hominem rabie agitatum suffocaverant, ne rabiei aestu abreptus, fidem catholicam Deumve ejuraret.

26) Der Kirchenvater Gregorios Nyssenos [† 396 n. Chr. G.] beklagte sich (de pauperibus amandis. Orat. II. p. 883. ed. Paris. fol.), dass die an einer contagiösen Krankheit Leidenden von Andern verlassen und ihrer Hülfslosigkeit Preis gegeben würden. Aus Furcht angesteckt zu werden, halte man sie selbst von der Quelle ab, da diese doch, wenn ein Hund mit blutgieriger Zunge ($τῇ\ αἱμοβόρῳ\ γλώσσῃ$) daraus geleckt habe, nicht gemieden würde.

durch Ceremonien zu beruhigen und zu versöhnen, für die Hauptsache gehalten wurde.

Uebrigens darf das in Schriften vorkommende Wort Wuth, λύσσα, λύττα, λύσσημα, rabies, rage, rabbia nicht ohne Weiteres für Krankheit, sondern oft nur für den Ausdruck einer heftigen, bis zur Sinnlosigkeit gesteigerten leidenschaftlichen Aufregung genommen werden [27]).

§. XI.

Ist der Mensch seit der Schöpfung bis jetzt im Wesentlichen derselbe geblieben, so wird dieses mit dem Hunde um so mehr der Fall seyn. Auf sein Befinden, das Entstehen bei ihm früher nicht bemerkter neuer Krankheiten scheint, soweit die Nachrichten reichen, das Verpflanztwerden in andere Landstriche und eine ihm aufgedrungene ungewohnte Lebensweise keinen bestimmenden Einfluss gehabt zu haben. Daher ist wohl anzunehmen, dass auch die im Ganzen seltne Krankheit, die Wuth, bei ihm in der frühesten Zeit unter begünstigenden Umständen ebenso vorgekommen ist wie jetzt; allerdings bei einem Volke mehr als beim andern; bei dem, wo er von Seiten der Religion und Volkssitte für unrein gehalten und seiner Freiheit überlassen wurde,

27) M. vergl. S. 10.

Von der Hekuba, der Gemahlin des Königs Priamos, der Mutter des Hektor, welche, nach einer Sage, von den Griechen wegen ihrer Schmähreden gesteinigt worden seyn soll, heisst es bei Cicero (Tusculanarum disputationum ed. Tischer. Berol. 1868. Lib. III. 26. p. 154): Hecubam putant propter animi acerbitatem quandam et rabiem fingi in canem esse conversam.

Der berühmte Tragiker Euripides soll, wie hie und da angegeben wird, in Folge des Bisses toller Hunde gestorben seyn; allein diese Angabe ist unrichtig, er erlag den Wunden auf ihn gehetzter Hunde. Rediens nocte ab coena Archelai regis in Macedonia canibus a quodam aemulo immissis dilaceratus est, et ex his vulneribus mors secuta est. Auli Gellii Noctes Atticae. Lib. XV. cap. 20.

In der ersten Naturgeschichte in deutscher Sprache von Konrad von Meyenberg [geb. um 1309] ist die Rede vom töbigen Hund und mehr von dessen Urin. Er sagt: »der töbigen Hund pizz sint toetleich (Ausgabe von Fr. Pfeiffer. Stuttgart. 1851. 8. S. 125. 126). Da aber hauptsächlich nur der Urin als gefährlich hervorgehoben wird, so frägt es sich, ob die schlimme Wuth angenommen werden dürfe.

seltner als bei dem, wo er das Hausrecht als Stuben- Hofhund etc. erhielt.

Ob im Laufe der Zeit atmosphärische Einflüsse [28], abgeänderte Gewohnheiten in der Behandlung und Ernährung, das Zusammentreffen fremder Racen etc., auf die Erzeugung begünstigend einwirkten, bleibt dahingestellt.

Diejenigen, welche meinen, das Schlimme habe sich erst nach und nach gebildet, die Rosen hätten zuerst keine Dornen, die Erde keine Giftpflanzen gehabt [29], die mögen glauben, dass der Hund in der frühesten Vergangenheit immerwährend gesund gewesen und wenn auch einmal an der Wuth leidend, diese keine auf den Menschen übertragbare gewesen sey; die Empfänglichkeit dafür wäre erst mit zunehmender Sündhaftigkeit entstanden. Glaubenssätze solcher Art sind ebenso schwierig zu bekämpfen als zu vertheidigen.

Die Voraussetzung, dass der Charakter dieser Krankheit sich geändert habe, ist gewagt. Zeigt sich überhaupt eine bösartige milder als sonst, so ist der Grund in der Regel darin zu suchen, dass die Behandlung derselben einfacher wurde, wie z. B. bei der Syphilis.

Wurde der Hund zu irgend einer Periode von der Wuth befallen, so wird er auch den Menschen gebissen und diesem, als Folge, das eigenthümliche Uebel durch den Ansteckungsstoff mitgetheilt haben.

In manchen Ländern, z. B. in Hindostan [30], tritt die Krankheit weit milder auf.

An sich war sie ohne Zweifel von Anfang an so schlimm wie jetzt,

---

28) Dass bei einer eigenthümlichen miasmatischen Beschaffenheit der Atmosphäre die Wuth in seuchenartiger Ausbreitung auftreten könne, zeigte besonders Pillwax in der Oestreichischen Vierteljahresschrift für wissenschaftliche Veterinärkunde. Bd. 22. Wien. 1864. 8. S. 135 ff. Bd. 30. 1868. S. 43 ff. Bd. 32. 1869. S. 110 ff.

29) M. E. Ettmüller in den Ephem. Nat. Cur. Cent. 7 et 8. App. p. 209.

30) Nach John Henderson sey sie bei den Eingeborenen sehr gemein, allein ohne die heftigen Symptome wie bei den Europäern (Observations on the Diseases prevalent among the Natives of Hindostan. Im Edinburgh med. and surg. Journal Vol. 24. 1825. p. 46—51).

aber die Furcht davor geringer, ihre Beurtheilung ruhiger, das Verhalten gegen sie einfacher.

Wie übrigens Krankheiten, je nachdem ihre contagiöse Natur beachtet und mit den angemessensten Maassregeln consequent verfolgt, fast über die ganze Erde verbreitet oder in ihre entferntesten Winkel zurückgedrängt werden können, das lehren der Aussatz und die Cholera.

§. XII.

Die Macht der Auctorität war ehemals grösser, als später; Namen herrschten unbedingt, und gewisse Bücher erlangten ein so canonisches Recht, dass, was sich nicht in ihnen fand, weder beachtet, noch gelehrt, noch geglaubt wurde. Für die Praxis war Hippokrates Ton angebend, für die Theorie Galenos, für die Arzneimittel Dioskorides, für Naturgeschichte Aristoteles. Nur sie galten als die Quellen des Wissens.

Bedenkt man nun, dass bei ihren Nachbetern Worte entschieden, viele Handschriften aber häufig unrichtig und voller Fehler waren, an eine Vergleichung mit den besseren nicht gedacht wurde, so begreift es sich, wie blos auf die in den leitenden Werken sich findenden Stellen hin, ohne weitere Prüfung, selbst eine an sich unwahrscheinliche Sache fortwährend behauptet und hartnäckig vertheidigt wurde.

Was nun speciell den Hippokrates betrifft, so hat er ohne Zweifel manche ihm bekannte Krankheit deswegen mit Stillschweigen übergangen, weil er sie selbst zu beobachten keine Gelegenheit hatte. Ein Verfahren, das auch in der neuesten Zeit von solchen Aerzten eingehalten wurde, welche als Muster von Genauigkeit und Zuverlässigkeit dienen können [31]).

---

31) So z. B. von Wilhelm Heberden. Obgleich die Hundswuth in England, auch in London, wo er bis in sein höchstes Lebensalter als vielbeschäftigter Arzt lebte, häufig vorkömmt, nennt er blos ihren Namen, weil er sie selbst nicht gesehen: Hydrophobiam ex morsu animalis rabiosi nunquam vidi (Commentarii de Morborum historia et curatione. Francof. 1804. 8. p. 165).

Der Professor der Medicin Isaac Pennington in Cambridge, welcher nie einen Fall von Hydrophobie beobachtet, glaubte nicht an ihre Existenz, sondern hielt sie blos

Aus dem Stillschweigen des Vaters der Medicin hinsichtlich der Hundswuth darf jedoch nicht geschlossen werden, dass sie damals überhaupt nicht vorgekommen sey. So ist z. B. in seinen Schriften nirgends die Rede von der Ansteckung, der Wind wird beschuldigt; aber wer mit diesem Naturkenner sich näher vertraut macht, der wird nicht zweifeln, dass er einen richtigen Begriff vom Contagium gehabt habe.

Bei seinen Epigonen muss man sich an die von ihnen gelieferten dürftigen positiven Angaben um so mehr halten, weil sie, erfüllt von Schulmeinungen, darauf ausgingen, die Erscheinungen nicht sowohl zu ergründen, sondern zu erklären, wodurch das Factische in den gerade herrschenden theoretischen Voraussetzungen nur zu oft aufgelöst und verschwommen erscheint.

§. XIII.

Das Stillschweigen von Aerzten und Naturforschern in Betreff der Hundswuth findet wohl auch darin seinen Aufschluss, dass sie in manchen Gegenden sich gar nicht zeigt, während in andern sehr oft [32], dass sie nur zu gewissen Perioden spontan [33], nach Graden verschieden,

---

für eine aus geängstigter Einbildungskraft entstandene Nervenaffection (Th. Watson, Lectures on the Principles and practice of Physic. Vol. I. 4. ed. London. 1857. 8. p. 606.)

32) Caelius Aurelianus Acut. L. III. c. 15. p. 229 (ed. Amman. Amstelaed. 1709 4.): Creta insula aliorum venenosorum animalium difficilis atque pene'libera, sola canum rabie vexatur frequentissime.

33) Die Annahme, dass diese Krankheit, gegen das Gesetz: omne vivum ex ovo, ohne den bedingenden Saamen, ohne Contagium, durch generatio acquivoca oder Metamorphose entstehen könne, ist eine alte, oft wiederholte. So sagte schon Caelius Aurelianus a. a O. c. 9. p. 219: Est possibile, sine manifesta causa, hanc passionem corporibus innasci. Ebenso G. van Swieten, Comentaria in H. Boerhaave Aphorismos §. 1130: Oritur fere semper ab aliis animalibus, prius rabiosis, tamen et sponte. Diesen Aussprüchen stimmte bei Th.·W. Schröder in einem Programme: Ob die Wasserscheu ohne vorhergegangene Ansteckung entstehen könne. Göttingen. 1779. 4. S. 4. 5 ff.

Die spontane Erzeugung wird angenommen beim Hundegeschlechte, beim Wolf, Schakal, Fuchs, Dachs, nicht beim Menschen. S.: Th. Watson, Lectures on the Principles and practice of Physic. Vol. I. 4. ed. London. 1857.

sich entwickelt, ohne sich mitzutheilen, und dass sie in ihren Zufällen weit milder sich verhält, wenn die Bewohner, bei einer mehr ruhigen, apathischen Gemüthsart, von einem panischen Schrecken nicht leicht ergriffen werden.

Dass das Vorkommen oder Nichtvorkommen der Hundswuth in gewissen Ländern von glaubwürdigen Personen so ganz verschieden behauptet wird, liefert auch den Beweis, wie lange die Pausen dauern können, ehe diese Krankheit sich zeigt und verbreitet.

Bedenkt man, wie in unsern Tagen ein Land als äusserst gesund, z. B. von Schwindsucht frei, geschildert wird, was keineswegs durchgängig sich so verhält, um nur zu erreichen, dass der Aufenthalt Kranken und Gesunden angerathen werde; oder dass bei Verbreitung einer Krankheit, um den Verkehr nicht stören zu lassen, nicht der eigentliche Grund, der einwirkende Ansteckungsstoff, sondern kosmische Influenzen, wie z. B. bei der Cholera, sich beschuldigt' finden, so darf man sich nicht wundern, wenn einem über das Auftreten und die Natur der Hundswuth in den vergangenen Jahrhunderten ähnliche Behauptungen begegnen. Die sich als Stimmführer für berufen halten, sind keines-

---

p. 607. F. Gross, System of Surgery. Vol. I. Philadelphia. 1859. p. 408.

Beachtungswerthe derartige Erfahrungen lieferte C. G. Prinz in seiner Schrift: die Wuth der Hunde als Seuche. Leipzig. 1832. 8. Seite 17 heisst es: Viele Thatsachen stimmten dahin, dass der Milzbrand gleichzeitig unter Menschen und Thieren herrschte, wenn die Wuth unter den Hunden vorkam. Manche liessen es unentschieden, ob die Wuth der Hunde durch unmittelbare Uebertragung des Milzbrandes von den pflanzenfressenden Thieren entstanden war, oder sich aus denselben allgemeinen Ursachen entwickelt hatte. Mehrere Beobachter verglichen die Wuthseuche der Hunde mit dem Milzbrande der Wiederkäuer; einige nannten sie geradezu ein Milzbrand- oder Anthraxübel, oder was gleichbedeutend ist, ein bösartiges Entzündungsfieber der Hunde.

Interessant in dieser Hinsicht sind die Mittheilungen über die Hundswuth, wie sie in den Jahren 1861 und 1862 in der Rheinprovinz beobachtet wurde. Coblenz. 1864. 8.

M. vergl. auch: A. Reder im Handb. der allgem. u. speciellen Chirurgie von Pitha und Billroth. Bd. I. Abth. 2. Erlangen. 1870. S. 120.

wegs immer ausgewählt, aber je dreister sie mit ihren Auseinandersetzungen sich breit machen und je seltsamer ihre Beweise klingen, desto leichter wird ihnen geglaubt. Selbständige Kritik ist keine gewöhnliche Erscheinung. Jetzt findet man die Krankheit über einen grossen Theil der Erde verbreitet [34]).

Ein nicht zu übersehender Grund, warum die Hundswuth im Ganzen nicht so oft erwähnt wurde, als man erwartet, ist auch der, dass lange Zeit der uralte Wahn sich behauptete: Menschen könnten in Hunde verwandelt werden. Wird ja selbst das arabische Wort für Hundswuth, calab, auch für Kynanthropie genommen [35]). Da man nun in manchen

---

34) M. vergl. über die Nil-Länder: Oesterr. Vierteljahrsschrift für wissensch. Veterinärkunde. Bd. 23. Analecten. S. 19. — Ueber Abessinien: Canstatt, Jahresbericht über die Leistungen in der Thierheilkunde. 1849. S. 63. — Ueber Algier: ebend. 1862. S. 65. 1864. S. 49. — Ueber Constantinopel: ebend. 1860. S. 55. — Ueber Griechenland: ebend. 1858. S. 70. — Ueber Java: ebend. 1853. S. 51. — Ueber Nord Amerika: ebend. 1860. S. 55; über Canada und Neu England: S. Gross, System of Surgery. Vol. I. Philadelphia. 1859. p. 410. — Ueber Grönland: Canstatt, a. a. O. 1860. S. 55, und Repertorium der Thierheilkunde von Herwieg, Jahrg. 27. 1866. S. 358. — Ueber Russland: Canstatt, a. a. O. 1856. S. 49. — Ueber Schweden: ebend. 1855. S. 44. — Ueber Dänemark: ebend. 1856. S. 49. — Ueber Italien: ebend. 1856. S. 64.

35) Aus einem Manuscripte in der Leydner Bibliothek theilte J. J. Reiske (Opusc. med. ed. Gruner. Halae 1776. 8. p. 9) von einem nicht genannten Autor [wohl Massudi's goldene Wiese] die Stelle mit, dass die Hundswuth erst im Jahre 572 nach Chr. mit Blattern, Masern und Frieseln in den arabischen Ländern erschienen sey, nachdem einige dieser Krankheiten zuvor schon unter den Juden sich fanden. Die Hundswuth wäre aber nicht die europäische gewesen: Non illa nostra Europaea rabies canina (p. 10), sed ista Arabica, qua in canes vertantur, qui sic insaniunt, stato quodam annuo tempore, ululant latrantque canum instar, deinde sua sponte ad se redeunt.

Böttiger vermuthete, dass die $Κυνανθρωπια$ unter den Arabern damals endemisch aufgetreten sey (in K. Sprengel's Beiträgen zur Gesch. der Medicin. Halle. 1795. 8. Bd. I. St. 2. S. 5).

Ländern mit solchen Kranken kurzen Prozess machte [36], so konnte an eine ruhig besonnene Unterscheidung der wirklichen Krankheit von der eingebildeten und an eine angemessene Behandlung nicht gedacht werden. Man war froh, solche Besessene, wofür sie meistens galten, los zu seyn.

§. XIV.

Von einer wissenschaftlichen Reisebeschreibung wird erwartet, dass der Unternehmer von seinen Vorgängern nur dann Notiz nimmt, wenn er sich von ihrer Zuverlässigkeit überzeugte, dass er blos das mittheilt, was er, ohne Mühe und Arbeit zu scheuen, selbst gesehen und geprüft hat, den Beweis liefernd, dass er weder im Glauben noch im Unglauben zu weit gegangen. Es wird ihm zum Verdienst angerechnet, wenn er sich nur auf das Hauptsächliche beschränkte und dieses mit wenigen, aber deutlichen Zügen hervorhob. Von der von ihm eingeschlagenen Route will man nur die Hauptwege, welche zum Ziele führten, kennen lernen, nicht die, auf welche Unkundige gewiesen, und wobei nur Zeit eingebüsst wurde. Auf Widerlegungen unsicherer Aussagen Anderer legt man wenig Gewicht, mehr auf Bestätigung bereits gemachter Beobachtungen und auf Begründung der eigenen.

Die gleichen Ansprüche sind wohl auch an den Bericht einer historischen Untersuchung [37] zu stellen.

§. XV.

Wäre der Titel dieser Schrift: über ein unzweifelhaftes Specificum gegen die Hundswuth, so würde sicherlich mit Begierde darnach gegriffen;

---

[36] z. B. durch Verbrennen.

[37] Unter den wenigen hierauf Bezug habenden Arbeiten verdient am meisten die Inauguraldissertation von J. A. Hofmann genannt zu werden: Rabiei caninae ad Celsum usque historia critica. Lips. 1826. 8.; obgleich die Annahmen mehr negativ als positiv lauten. Er benutzte die Aufsätze von C. G. Gruner in seinen Morborum Antiquitates. Vratislaviae. 1774. 8. p. 234, und J. F. C. Hecker in Gräfe's und Walther's Journ. der Chirurgie. Berlin. 1821. Bd. 2. S. 325.

ob aber der: über die Ansichten davon in alter Zeit nur den einen oder anderen anzulocken vermag, das ist eine Frage.

Für die Mehrzahl der heranwachsenden Aerzte existirt kein Alterthum; nur die unmittelbare Gegenwart hat für sie Werth und Bedeutung. Der Rückblick in die Vergangenheit scheint ihnen unnöthig, jede Beschäftigung mit dem früher Geleisteten Zeitverlust, welcher höchstens ein mitleidiges Lächeln zu Theil wird.

Die Periode des Zopfs, heisst es, ist vorüber; graeca non leguntur; die pedantische Schulweisheit hat sich überlebt; für den eitlen Magisterruhm gibt es keine Lorbeern mehr. Die Medicin dürfe nicht philologisch, sondern einzig und allein naturwissenschaftlich erlernt werden; nur lebensfrische Bestrebungen und Nutzanwendungen seyen zu cultiviren.

Diese Gesinnung, in andere Redensart gefasst, lautet: man sollte nicht der Sache wegen sich anstrengen und lernen, sondern um nahe liegende Zwecke möglichst schnell zu erreichen und, wie es gerade die Welt zulässt, äussere Mittel zu erwerben [38].

Als veraltetes Buch, trotz seiner klassischen Vortrefflichkeit, wird jedes gehalten, das vor wenigen Jahren erschien und nicht die gerade herrschenden Vorstellungen und Lehrsätze vorträgt, zumal wenn der Autor bereits verstorben seyn sollte. Gnade vor dem gestrengen Areopag finden nur solche, welche im Sinne und nach den Lehrmeinungen der angeblich auf der Höhe der Wissenschaft stehenden, wenn gleich nur ephemeren, Coryphäen verfasst sind.

Da zu einer entgegengesetzten Arbeit von keiner Seite eine Ermunterung ausgeht, noch weniger eine Anerkennung erwartet werden kann, so ist anzunehmen, dass sie blos aus Pietät gegen die frühere Sitte, sowie aus Hoffnung für eine spätere Sinnesänderung, unternommen wurde.

---

[38] Inter scabiem tantam et contagia lucri Hor. Ep. I. 12. 14.

Zur Ehrenrettung eines Afrikaners.

Coelius Aurelianus (auch Lucius Caelius Arianus) wird nicht so geachtet, wie er es verdient. Da man fast allgemein annimmt, dass die von ihm noch vorhandenen Schriften blosse Uebersetzungen des Soranos, des Ephesiers, in einem barbarischen Latein, seyen, welche sogar an vielen Stellen eine unvollständige Bekanntschaft mit der griechischen Sprache zeige, so wird ihm, wie überhaupt den Anhängern der methodischen Schule, eine umfassende Bildung abgesprochen [39]. Auch mag dem Afrikaner, der aus Sicca in Numidien stammte, das gute Latein, wie überhaupt Gelehrsamkeit, gemangelt haben; allein dass er es an Fleiss und Studium nicht fehlen liess, das ergiebt sich aus den reichen von ihm mitgetheilten Stellen aus früheren Autoren.

Uebersetzt hat er den Soranos, wie er selbst angiebt [40]; jedoch muss er dessen Text selbständig mit eigenen und fremden Beobachtungen verglichen haben, indem er denselben zuweilen nur als Zeugen aufführt [41].

Wann er gelebt, ist mit Sicherheit nicht zu sagen, wahrscheinlich um die Zeit Galen's [42].

Was nun seine Leistungen betrifft, so erklärte sich bereits Amman höchst befriedigt damit, ja er hielt seine Zeichnungen der Krankheiten,

---

[39] Verschiedenes zur Entschuldigung bemerkte C. G. Kühn, de Caelio Aureliano inter methodicos medioos haud ignobili in seinen Opusc. acad. med. et philol. Lips. 1828. 8. Vol. II. p. 1. etc.

[40] So z. B. Acut. L. II. c. 1. p. 75: Soranus cujus haec sunt quae latinizanda suscepimus, oder ebend. c. 28. p. 139: Soranus cujus verissimas apprehensiones latino sermone describere laboramus.

[41] Ebend. L. III. c. 11. p. 221: ut se ipse quoque Soranus vidisse testatur.

[42] Der Herausgeber seiner Schriften J. C. Amman vermuthet (Praef. p. 9) vor Galen, weil dieser von ihm nicht citirt wird; allein le Clerc kann sich davon nicht überzeugen (Histoire de la Medecine. Amsterdam. 1723. 4. Seconde Partie. Liv. IV. Sect. 1. Chap. 5. p. 456).

in Bezug auf Lebendigkeit, Genauigkeit und Naturtreue für unvergleichlich [43]).

Dieses ist ganz besonders der Fall in dem, was C. Aurelianus über die Hundswuth mittheilt [44]), weswegen auch darauf schon oft verwiesen wurde [45]). Vergleicht man die abgehandelten Gegenstände, so kann man allerdings die fast erschöpfende Mannigfaltigkeit nur bewundern. Es werden nemlich folgende Punkte mehr oder weniger besprochen: Entstehungsweise, sowohl die spontane, als die durch Mittheilung — von Ursachen der Biss des Hundes und Gegenstände, die mit dem Speichel desselben besudelt wurden — Aufnahmsorgane — Sitz der Krankheit — hauptsächlich ergriffene Theile — Wesen — Unterscheidung von der Entzündung des Gehirns und von Manie — Zeit des Ausbruchs — Verlauf — charakteristische und seltene Zufälle — Behandlung in psychischer, diätetischer, medicinischer und chirurgischer Hinsicht.

Unter seinen auffallenden Angaben möge erwähnt werden, dass, nach ihm, die Hundswuth mitgetheilt werden könne durch Einathmung [46]) und durch Berührung angesteckter Theile mit dem Munde [47]), wie es scheint unglaubliche Behauptungen, welche aber, ohne diese Quelle, auch in der neuesten Zeit ihre Erörterung gefunden [48]) haben.

---

43) Praef. p. 9: Character Caelio proprius est, quod morborum historias a capite ad calcem non tam describat, quam vivis et ex ipso naturae sinu sumtis coloribus pingat, tantaque exactitudine tum morborum tum adhibendorum quovis tempore remediorum articulos et momenta circumscribat, ut parem vix habeat.

44) Acut. L. III. c. 9—17.

45) M. vergl. hauptsächlich C. A. F. Moeller Diss. inaug. Adnotationes quaedam in C. Aureliani de Hydrophobia tractatum. Marburgi. 1817. 8.

46) Lib. III. c. 9. p. 218: Hydrophoborum quidam in hydrophobicam passionem devenerunt solius aspirationis odore ex rabido cane adducto, cum deflectione quadam naturalis spiratio vexata veneuosum aërem adducit et talibus inserit partibus.

47) Ebend. p. 219: Sartrix quaedam quum chlamydem scissam rabidis morsibus sarciendam sumeret atque ore stamina componeret et lingua pannorum suturas lamberet assuendo, quo transitum acus faceret faciliorem, tertia die in rabiem venisse memoratur.

48) Th. Watson bemerkt: The late Mr. Youatt, who had seen more of the

Zur Hervorbringung eines solchen Materials von Gesichtspunkten und damit verbundener Erfahrungen gehört unverkennbar eine Bekanntschaft mit den bedeutenden Vorarbeiten in der Vergangenheit, sowie selbständige Vergleichung und Prüfung.

Wer sich deutlich macht, wie langsam das praktische ärztliche Wissen heranwächst, und in diesem Schriftsteller die Fülle der Beobachtungen, der Heilmethoden und Mittel über die Hundswuth vorfindet, zugleich auch die vielen Hinweisungen auf bekannte und unbekannte Kunstgenossen, welche entweder interessante Mittheilungen geliefert oder eigene Bücher darüber verfasst hatten, der muss zu dem Glauben sich bekennen, dass diese Krankheit seit undenklichen Zeiten bekannt, erwogen und behandelt worden sey.

Eine Untersuchung über das Alter der Hundswuth kann daher füglich mit Caelius Aurelianus beginnen, indem er zuerst ausführlich über jene sich aussprach und in einem eigenen Capitel die Frage: ob sie eine neue Krankheit sey? auseinandersetzte. Er sagt: Manche hielten keine Krankheit für neu, Manche die Hundswuth, Manche sie für eine alte. Ihm scheine es vernünftig anzunehmen, dass die Vorfahren sie schon gekannt hätten [49].

---

disease probably both in man and in other animals, than any other person in this country, did not think that the saliva of a rabid animal could communicate the disorder through the unbroken cuticle: he believed that there must be some abrasion or breach of surface. He held, however, that it might be communicated by mere contact with the mucous membranes. A man endeavoured to untie with his teeth a knot that had been firmly drawn in a cord. Eight weeks afterwards he expired, undeniably rabid. It was then recollected that with this cord a mad dog had been confined. A woman was attacked by a rabid dog and escaped with the laceration of her gown. In the act of mending it she thoughtlessly pressed down the seam with her teeth. She died (Lectures on the Principles and Practice of Physic. Vol. I. 4. ed. p. 609).

49) Lib. III. c 15. p 226: Utrum nova passio sit hydrophobia? Artemidorus Sidensis: nullam esse novam; Caridemus, sectator Erasistrati: hanc esse novam; Democritus, qui Hippocrati convixit, non solum hanc memoravit passionem, sed etiam ejus causam tradidit. Erit rationabile, ut apud antiquos haec passio fuisse credatur.

Eine ägyptische Andeutung.

Der ägyptische Priester Horapollo (Horus Apollo), angeblich Verfasser der Hieroglyphica, wovon von Philippos nur eine griechische Uebersetzung existirt, bemerkt, dass die von der Wuth ergriffenen Hunde an der Milz leiden [50]) und dass die, welche die an jenem Leiden zu Grunde gegangenen Hunde öffnen, um sie einzubalsamiren, durch die eingeathmeten Dünste, gleichfalls eine afficirte Milz bekämen.

Wie damals, wurde auch in der neuesten Zeit die Beschaffenheit der Milz als ein beachtenswerthes Zeichen dieser Krankheit ins Auge gefasst [51]).

---

50) Ed. C. Leemans. Amstelod. 1835. 8. Lib. I. cap. 39. p. 43: σπλῆνα δὲ, ἐπειδὴ τοῦτο τὸ ζῶον μόνον παρὰ τὰ ἕτερα ἐλαφρότερον ἔχει εἴτε θάνατος αὐτῷ, εἴτε μανία περιπέσοι, ἀπὸ τοῦ σπληνὸς γίνεται. Καὶ οἱ θεραπεύοντες δὲ τὸ ζῶον τοῦτο ἐν ταῖς κηδείαις, ἐπειδὰν μέλλωσι τελευτᾷν, ὡς ἐπὶ τὸ πλεῖστον σπληνικοὶ γίνονται, ὀσφραινόμενοι γὰρ τῆς τοῦ ἀνατεμνομένου κυνὸς ἀποφορᾶς, πάσχουσιν ὑπὸ τούτου.
M. Lenhossek, (die Wuthkrankheit. Pest. 1837. 8. S. 4), welcher den Namen Horapollo blos aus K. Sprengel's Gesch. der Arzk. kennen lernte und meinte, jener wäre ein Ausleger von Hieroglyphen gewesen, that die Aeusserung: »dass derley willkührliche Deutungen todter Ueberreste alter Monumente selten einen wahren historischen Werth an sich tragen.

51) Nach J. H. Locher, (Diss. inaug. exh. magnum lienis in hydrophobia momentum. Gotting. 1822. 4.) fänden sich auf der Milz Bläschen von verschiedener Grösse und Form, meist rund und erhaben, eine flüssige, helle, etwas gelbliche Lymphe enthaltend.
C. G. Prinz (die Wuth der Hunde. Leipzig. 1832. 8.) lieferte eine Abbildung der Milz und fügte hinzu (S. 47): »ihre Grösse ist beträchtlich, wie angeschwollen; die Farbe blauroth; es erheben sich von den Flächen und Rändern unregelmässig abgerundete blaue Knoten. An diesen dunklen Geschwülsten kann der häutige Ueberzug leicht abgetrennt werden; unter demselben eine schwarze dickbreiige Blutmasse«.
M. vergl.: Pillwax in der Oesterreichischen Vierteljahrsschrift für wissenschaftliche Veterinärkunde. Bd. 30. Wien. 1868. S. 92 und 94. Bd. 32. 1869. S. 137.

Angaben von Griechen.

In einem griechischen Manuskripte, wovon jedoch die Zeit des Erschienenseyns nicht zu bestimmen ist, findet sich die Angabe, dass die Alten der Hundswuth keine Erwähnung thaten [52], und ebenso behauptete [53] der belesene Fr. Boissier de Sauvages: sie sei von den Griechen übersehen worden; allein schon in meinen Untersuchungen über die ersten Spuren der Lehre von der Ansteckung überzeugte ich mich vom Gegentheil [54]. Diese vor 48 Jahren von mir ausgesprochene Ansicht möge in den nachfolgenden Mittheilungen eine nähere Begründung erhalten.

Mythisches.

Nicht unwahrscheinlich wird das uralte Fest zu Argos, welches in die Hundstage fiel, und wobei man die frei und herrenlos herumlaufenden Hunde todtschlug [55] (Κυνοφόντις), auf die Hydrophobie, als Maassregel der Sanitäts-Polizei, bezogen [56].

[52] *Οἱ μὲν ἀρχαῖοι τοῦ πάθους οὐκ ἐμνήσθησαν.* J. Sims, welcher im Besitze des Manuskripts sich befand, theilte es mit in den Memoirs of the medical society of London. Vol. II. London. 1789. 8. p. 3 etc.

[53] Nosologia methodica. Amstelod. 1763. 8. T. III. P. 1. p. 354: morbus Graecis praetervisus.

[54] Meine Origines Contagii. Caroliruhae. 1824. 8. p. 138.

[55] M. vergl. vorher §. VIII. S. 9 das Hundeschlagen.

[56] K. F. Hermann, Lehrb. der gottesdienstlichen Alterthümer der Griechen. Heidelb. 1846. 8. §. 9. Note 7 und §. 52. N. 6.

Nach Einigen war es die Feier zum Andenken an Linos, einen Sohn des Apollo, der von Hunden zerrissen wurde. So F. G. Welcker, kleine Schriften. Bonn. 1844. Thl. 1. S. 16. L. Preller (Demeter und Persephone. Hamburg. 1837. 8. S. 257) sagt: Man rächte seinen Tod dadurch dass man Hunde tödtete, wie er diesen gefallen war. Diese Symbolik, nach welcher auf die Hunde geschoben wird, was in der Jahrszeit liegt, wiederholt sich auch in der Mythe von Aktäon. Die verheerenden Wirkungen,

Da man die Sonnengluth für die Ursache der Wuth annahm, so galt der Aufgang des Hundssterns Sirius (σείριος), auch Macra (μαίρα) [der Hund des Ikarios] genannt (welches Wort zugleich die grösste Hitze bedeutet), für bedenklich. Dass auf der Insel Delos überhaupt das Halten der Hunde untersagt [57]) war, lässt unglückliche Erfahrungen durch sie in der frühesten Zeit vermuthen.

Homeros, gleichviel ob selbständiges Individuum oder Collectivnamen einer Sängerschule (wohl 9 Jahrhunderte vor Chr.) gebraucht den Ausdruck „wüthend." Ob nach der Stelle, wo Teukros den Hektor einen tollen Hund (κύνα λυσσητῆρα) nennt [58]), angenommen werden darf, dass sich daraus eine Kenntniss von der Hydrophobie ableiten lasse, bleibt dahin gestellt. Es ist möglich, dass damit nur eine wilde Bestie bezeichnet werden sollte.

Aristoteles († 322 vor Chr.] sagt [59]): „Die Hunde leiden an der Wuth. Diese versetzt sie in einen Zustand von Raserei, und alle Thiere, welche sie dann beissen, werden gleichfals von der Wuth ergriffen. Diese Krankheit tödtet sowohl die Hunde, als auch andere von einem wüthenden Hunde gebissenen Thiere." Im Texte steht „mit Ausnahme des Menschen [60])," allein dieser Satz rührt wahrscheinlich [61]) welche jene Zeit in der ganzen Natur hervorbrachte, stellten sich am deutlichsten an ihnen dar; das Gestirn selbst, welches um diese Zeit am Himmel dominirte, der Sirius, galt für einen wüthenden Hund.

57) Strabo Geogr. L. X. c. 5.
58) Ilias. VIII. 299.
59) Ιστορικι περι ζωων. L. VIII. Cap. 22: ἡ λυττα ἐμποιει μανίαν, καὶ ὅταν δάκῃ, λυττῶσιν ἅπαντα τὰ δηχθέντα.
60) πλὴν ἀνθρώπου. Schon längst wurde vermuthet, dass dieser Satz anders lautete, so z. B. von Hieronymus Mercurialis (Variarum Lectionum. Lib. I. c. 2. Venetiis. 1598. 4 p. 1—4, selbst von J. G. Schneider (de Animalibus. T. 3. Lips. 1811. 8. p. 656).
61) Wenn es wahr ist, was schon von den Alten behauptet wurde, dass von den Erben des Aristoteles seine Handschriften längere Zeit in einem Keller auf-

nicht von dem grossen Naturforscher her, dessen Vater Nikomachos selbst Arzt war. Vielleicht hiess es ursprünglich, wie längst vermuthet wurde, πρὶν, eher als beim Menschen [62]).

Xenophon [† um 360 vor Chr.], die attische Muse, äussert sich gelegentlich, wo er über die einreissende Anarchie im Heere klagt, folgendermassen [63]): „Die Kerasuntier besorgen, dass eine Wuth in euch gerathen möchte, wie in die Hunde."

Demokritos, von Caelius Aurelianus als Zeitgenosse des Hippokrates aufgeführt [64]), also wohl der Lachende, der Atomist [angeblich 470 vor Chr. geb.], von Andern [65]) für einen späteren Schriftsteller gehalten, hat über die Hundswuth Interessantes mitgetheilt. Er erklärt sie für eine Entzündung der Nerven [66]), und zählt sie zu den schweren Krampfleiden [67]), verwandt mit Tetanus. Um diesen Kranken das Trinken zu ermöglichen, solle man die Flüssigkeit in einem rundlichen Gefässe beibringen [68]).

Epicharmos, ein Nachfolger des Pythagoras, war der Ansicht,

bewahrt und durch Würmer zernagt wurden, auch erst spät, von Apellikon von Teos angekauft, unter Sulla nach Rom kamen, darf man sich über fehlerhafte Stellen nicht wundern.

62) Ueber die Zeit des Ausbruchs beim Menschen und bei Thieren weichen jedoch die Beobachtungen von einander ab. The period is generally considerably shorter in animals than in man heisst es bei S. Gross, System of Surgery. Vol. I. Philadelphia. 1859. 8. p. 409.

63) Κύρου αναβασις L. V. c. 7. 26: ἔδεισαν δὲ, μὴ λύττα τις ὥσπερ κυσὶν ἡμῖν ἐμπεπτώκοι.

64) Acut. L. III. c. 15. p. 227: qui Hippocrati convixit.

65) So z. B. glaubt K. Sprengel (Gesch. Th. 2. Aufl. 3. S. 9): dieser von Cael. A. angeführte sey ein Alexandriner, der sich jenen Namen des Alterthums angemaasst habe.

66) Cael. A. Acut. L. III. c. 16. p. 232: hydrophobiam esse incendium nervorum.

67) Ebend. c. 15. p. 227: non solum hanc memoravit passionem, sed etiam ejus causam tradidit, cum de opisthotonicis scriberet. M. vergl. auch c. 14. p. 224.

68) Ebend. c. 16. p. 232: jubet Origani decoctionem dari, atque ipsum poculum quo bibant, in sphaerae rotunditatem formari.

dass es hinreichend sey scharfe Kohlarten auf die Bisswunde zu legen [69]).

Hippokrates [† zwischen 390 und 380 vor Chr.] kann zum Beweise seiner Bekanntschaft mit der Hydrophobie nicht erwähnt werden, denn die etwa zu citirenden Stellen [70]) haben darauf keinen bestimmten Bezug; wohl aber sein Schwiegersohn Polybos, welcher sie Wasserflucht nannte [71]).

Zeugnisse aus der Zeit der Römer.

Die griechische Sprache hatte aufgehört die Heimath zu bezeichnen, als sie von den Gebildeten Roms gesprochen und geschrieben, und jeder Sitz der Gelehrsamkeit, Athen wie Alexandrien etc. dem Weltreiche einverleibt wurde.

Andreas von Karystos, der zu den ältern Herophileern gerechnet wird [72]), gebrauchte schon den Namen Hundswuth [73]).

---

[69]) Plinius, C. Nat. hist. ed. Franzius. Lips. 1787. 8. Lib XX. 26. p. 540: satis esse eam cyma [brassica sylvestris s. erratica] contra canis rabiosi morsum imponi. Melius si cum lasere et aceto acri.

[70]) Aphor. Sect. VIII: Wer in Wuth geräth ($\lambda \nu \sigma \sigma \alpha \omega \nu$) und weder erkennt, noch hört, der stirbt.

Praedict. I. 16: An Entzündung des Gehirns Leidende, Tobsüchtige, trinken wenig und werden vom leisesten Geräusche aufgereitzt. $O\mathfrak{i}$ $\varphi\varrho\varepsilon\nu\iota\tau\iota\varkappa o\grave{\iota}$ $\beta\varrho\alpha\chi\upsilon\pi o\tau\alpha\iota$ etc., und fast mit denselben Worten Coac. Praenot. I. 96.

[71]) Cael. Aur. Acut. L. III. c. 9. p. 218: Alii phobodipson appellant, quod cum timore sitiat: Polybus pheugydron, siquidem aquam fugiat.

Ebend. c. 15. p. 227: Polybus hanc passionem memoravit, dicens aquifugas cito interire.

[72]) C. Celsus de Medicina. L. V. praef. — J. C. Amman bei Cael. Aurel. p. 218. — K. Sprengel, Gesch. Th. I. S. 561.

[73]) Cael. Aurel. L. III. c. 9. p. 218: Andreas Cynolysson vocavit, veluti ex rabie canina morbum conceptum.

Den Unterschied von Gehirnentzündung zeigten seine Nachfolger [74]). Gajos [75]), gleichfalls Herophileer, nahm an, dass das Hirn und dessen Membran leide.

Demetrios [76]) hielt das Uebel für ein langsam verlaufendes.

Artemidoros aus Sida, ein Anhänger des Erasistratos [77]), schrieb über die Hundswuth und suchte ihren Grund [78]) theils im Magen, wegen des Schlucksens und des unersättlichen Durstes, theils in den Hirnhäuten.

Er sowohl wie Caridemos [79]) läugneten die selbständige Natur der Krankheit.

Die Anhänger des Asklepiades hätten mit Unrecht [80]) die chronische Natur vertheidigt.

Themison, der Schüler des Asklepiades, wollte einen, der an der Hundswuth litt, behandeln und darüber schreiben, allein er konnte nicht, weil er selbst einmal von einem tollen Hunde verwundet, immer fürchtete sie zu bekommen [81]).

Eudemos, ein Schüler des Themison, bezeichnet die Krankheit als eine Art Melancholie [82]).

---

74) Ebend. c. 12. p. 222: Phrenitici quidam aërem lucidum extimescunt, quidam obscurum. Andreae sectatores memorant esse pantaphobos, quos nos omnipavos dicere poterimus.

75) Ebend. Cap. 14. p. 225: libro quo de timore aquae scripsit, ait cerebrum et ejus membranam pati.

76) Ebend. Cap. 11. p. 221: Nec Demetrio danda fides est dicenti, quod etiam tarda haec passio possit esse.

77) Ebend. L. II. c. 31. p. 146.

78) Ebend. L. III. c. 14. p. 224.

79) Ebend. c. 15. p. 227.

80) Ebend. c. 11. p 221: Neque Asclepiadis sectatores intelligibile quiddam asserunt, qui propterea passionem tardam putant, quia post plurimum tempus morsus inflicti aegri morte afficiuntur.

81) Ebend. c. 16. p. 232: Ajunt Themisonem, quanquam volentem, non potuisse: siquidem ex rabido cane quondam fuerat vulneratus, etsi ejus curationem assumeret mente, quippe scripturus, continuo admonitus in eandem laberetur.

82) Ebend. c. 12. p. 222: melancholiam esse, sed ab hac quoque discernitur.

Schon im Gedanken werde [83]) Flüssigkeit geflohen. Er spricht [84]) von einem befallenen Arzte, welcher, wenn er seine Anfälle kommen fühlte, die Eintretenden anflehte, ihn zu meiden, und durch seine herabfliessenden Thränen aufspringend, seine Kleider zerriss. Er empfahl Klystiere von kaltem Wasser [85], Aderlass, Schröpfköpfe, Niesswurz [86]).

In den Schriften der Dichter und allgemein gebildeter Männer wird die Hundswuth, als merkwürdige Erscheinung, nicht selten erwähnt; mehr eingehend aber in ihr Verhalten und ihre Behandlung wird sie besprochen in den uns erhaltenen Schriften der Naturforscher und Aerzte.

Virgilius Maro lieferte in seinem didaktischen Gedichte über den Landbau eine treffliche Beschreibung der Viehseuche, welche sich von den norischen Alpen durch Venedig und Illyrien erstreckte. Indem er das Befallenwerden verschiedenartiger Thiere schildert, bemerkt er [87]): „Jetzt rennt toll der schmeichelnde Hund."

Horatius Flaccus in einem Briefe an Julius Florus, worin er das Gesuch um Gedichte ablehnt, weil es, seiner Meinung nach, den vielen Dichterlingen an Stoff nicht fehlen könne, schreibt [88]):

Dort läuft ein toller Hund, hier rennt ein wohlbesudelt Schwein dich an.

Nun geh mir einer, unter allem diesem Gedräng' und modulire Verse bei sich selbst.

---

83) Ebend. c. 15. p. 229: quae Graeci phantasiam nominant.

84) Ebend. c. 11. p. 221: fuisse hydrophobum medicum, qui cum praenosceret periculum, suppliciter ingredientes exoraret, et cum lacrimarum fluore guttis destillantibus tangeretur, exsiliens vestem consciderit.

85) Ebend. c. 38. p. 171: per clysterem aquam frigidam injiciendam.

86) Ebend. c. 16. p. 233: phlebotomans, helleborum dat secunda vel tertia die, atque cucurbitas affigit usque ad partium pustulationem.

87) Georgicon. L. III. v. 496: hinc canibus blandis rabies venit.

88) Epist. Lib. II. cap. 2.

Hac rabiosa fugit canis, hac lutulenta ruit sus:
I nunc et versus tecum meditare canoros.

Ovidius Naso, welcher den Ausdruck aquae formidatae für Wasserscheu gebraucht, nennt diese unheilbar [89].

Plutarchos [† 130 n. Chr.] in seiner Behandlung der Frage [90]: ob durch Speisen neue Krankheiten entstehen können? sagt: der Arzt Philo behaupte, dass man die Elephantiasis noch nicht lange kenne; er aber entgegne ihm, nach dem Buche des Athenodoros über die Volkskrankheiten, dass zur Zeit des Asklepiades nicht bloss die Elephantiasis, sondern auch die Hundswuth bekannt gewesen sey [91].

Da eine Krankheit ohne Ursache sich nicht bilden könne, so müssten dazu eine andere Beschaffenheit der Luft, fremdartiges Wasser, unbekannte Nahrungsmittel, Hitze, Kälte, Dürre, Erdbeben, beim Menschen Mangel oder Ueberfluss, wodurch Lüste, geänderte Gewohnheiten etc. mitwirken. Elephantiasis sey vielleicht das Gewaltige der Krätze, Wasserscheu [92] das eines Magenleidens oder der Melancholie. Uebrigens dürfe man in solchen Annahmen nicht zu weit gehen und Cholera für einen höheren Grad der Uebelkeit erklären.

Die weitläufige Exposition wird der für interessant, aber in der Hauptsache für verfehlt halten, der weiss, dass Elephantiasis eine uralte Krankheit war und dass Hundswuth lange vor Asklepiades als ansteckendes Uebel geschildert wurde.

Pausanias [um 170 nach Chr.], der vielgereiste, erwähnt [93] in

---

89) Epistolae ex Ponto. Rufino. L. I. ep. 3. v. 23:
Tollere nodosam nescit medicina podagram,
nec formidatis auxiliatur aquis.

90) Symposiacon s. convivales disputationes. L. VIII. quaest. 9. ed. Reiske. Vol. 8. Lips. 1777. 8. p. 915.

Als neuer Beitrag zu der Frage kann folgender dienen: Weil Benjamin Brodie einige Male nach dem Genusse von Hundefleisch beim Menschen Geschwüre mit besonderem Character entstehen sah, warf J. A. Paris (Medical Jurisprudence. London. 1823. 8. Vol. 2. p. 446) die Frage auf: ob die weitere Verfolgung dieser Beobachtung nicht zu wichtigen Folgerungen in Betreff der Entstehung der Hydrophobie führen könne?

91) p. 915: οὐ μόνον τὴν ἐλεφαντίασιν, ἀλλὰ καὶ τὸν ὑδροφόβαν ἐκφανῆ γενέσθαι.

92) Ebend. p. 919: τὸ ὑδροφόβαν.

93) Ἀρκαδικά L. VIII. Cap. 19. Graeciae descriptio. ed. C. G. Siebelis. Vol. 3. Lips. 1825. 8. p. 341.

Arcadien einer Quelle mit eiskaltem Wasser, welches getrunken, die Folgen des Bisses eines wüthenden Hundes gleich heile und deswegen Ohnewuth, Wuthheil [94]) genannt werde.

Artorius, Nachfolger des Asklepiades, bezeichnete die Scheu vor dem Wasser als charakteristisches Symptom [95]). Für den leidenden Theil hielt er den Magen [96]), und als häufig angewandtes Mittel kaltes Wasser [97]).

Scribonius Largus berührt in seinem genauen Verzeichnisse der zusammengesetzten Arzneien nach ihrer Anwendung in Krankheiten die Hundswuth und äussert, dass, seines Wissens, Niemand davon erlöst [98]) wurde. Dessenohnerachtet habe sein Lehrer Apulejus Celsus sein Gegengift nach Sicilien, wo viele tolle Hunde vorkämen [99]), gesandt.

---

94) Ἄλυσσον.

95) Cael. Aurel. Acut. L. III. c. 11. p. 221: Ajunt militem quendam, ut Artorius memorat, in passione constitutum, sibi indignatum, quia in bello nulla timuerit vice, sed nunc aquam cum vidisset, quae esse consuetudini jucunda solet, metu inenarrabili terreretur.

96) Ebend. c. 14. p. 224: stomachum pati.

97) Ebend. c. 16. p. 232: quidam medici, ut Artorius memorat, alios in vasculum plenum frigida miserunt, alios in puteum posuerunt, saccis immissos, vel inclusos, ut necessitate bibere cogerentur, alii in aquam calidam, nescii quod passionis curatio illa sit, non ut bibant aegrotantes, sed ut bibere velint: quod fiet cum passio fueret adjutoriis destructa. Multi denique etiam bibentes raptu affecti sunt graviore. Quapropter etiam toto corpore infundendos, ut putant, in aquam frigidam, magis vexabile comprobamus. Omne etenim frigus extendit tumentia. Nam propterea, ut Artorius dixit, raptu interficiuntur.

98) Compositiones medicae. Recens. J. Rhodius. Patavii. 1655. 4. Cap. 43. 171. p. 94: Nemo adhuc correptus hoc malo, quantum ego scio, expeditus est.

99) Ebend.: Antidotus Apuleji Celsi praeceptoris, quam quotannis componebat et genere quodam publice mittebat Centuripas, unde ortus erat, quia in Sicilia plurimi fiunt rabiosi canes. Facit ad horum morsum protinus quidem data per dies triginta, ita ut aquae id est liquoris timore nunquam tentetur: qui quum accidit, summo cruciatu ad mortem eos compellit, quos ob ante dictam causam ὑδροφόβους Graeci appellant. In ipsa autem correptione uti oportet ea, data cum rosae cyathis tribus et exigua

Vortrefflich ist sein Rath, welcher späterhin immer wiederholt wurde, die Bissstelle lange in Eiterung zu erhalten und die Schorfbildung zu verhüten, dass der böse Stoff ausgeleert werde [100]).

C. Plinius Secundus hat Mancherlei über die Wuth. Bei den Hunden könne man sie verhüten, wenn den jungen der Wurm unter der Zunge ausgeschnitten werde [101]), und beim Menschen, wenn dieser den Speichel des Hundes oder die Leber dessen, der gebissen hatte, einnehme [102]).

Das Ausschneiden des sogenannten Tollwurms wurde später fast allgemein als Vorbauung und der Gebrauch der gebratenen Leber als Heilmittel gegen die Krankheit angerathen.

Ob er gleich sagt, dass die Verwundung unheilbar, sogar der Urin schädlich sey [103]), nennt er doch eine Menge der seltsamsten Mittel dagegen [104]).

---

aqua. Hoc proficit, ut aquam postea sine timore sumant et minus quidem liberati hac difficultate cruciantur.

100) Ebend. p. 95: Oportet locum morsum a rabioso cane diu tenere in exulcerationem, neque pati cicatricem ducere, ut virus illa pertrahatur.

101) Naturalis Historiae L. XXIX. 80: Est vermiculus in lingua canum, qui vocatur a Graecis lytta, quo exemto infantibus catulis, nec rabidi fiunt, nec fastidium sentiunt.

102) Ebend.: Est limus salivae sub lingua rabiosi canis, qui datus in potu, fieri hydrophobos non patitur. Multo tamen utilissime jecur ejus, qui in rabie momorderit, datur, si possit fieri crudum mandendum, si minus, quoquo modo coctum, aut jus coctis carnibus.

103) Ebend.: Tanta vis mali est, ut urina quoque calcata rabiosi canis noceat, maxime hulcus habentibus.

104) Ebend. Z. B.: In canis rabiosi morsu tuetur a pavore aquae, capitis canini cinis illitus vulneri. Oportet autem comburi omnia in vase fictili novo, argilla circumlito, atque ita in furnam indito. Aliqui vermem e cadavere canino adalligavere... Vermiculus linguae ter igni circumlatus datur morsis a rabioso, ne rabidi fiunt. Et cerebello gallinaceo occurritur. Ajunt et cristam galli contritam efficaciter imponi, et anseris adipem cum melle. Quin et necantur catuli statim in aqua ad sexum ejus qui momorderit, ut jecur crudum devoretur ex iis. Prodest et fimum gallinaceum,

A. Cornelius Celsus, von dem es zweifelhaft ist, ob er Arzt oder nur Encyclopädist war, enthält über die Hundswuth treffliche Angaben.

Wenn eine solche Bisswunde, heisst es [105], nicht gleich energisch behandelt werde, entstehe Wasserscheu, ein höchst beklagenswerthes Uebel, das keine Hoffnung auf Errettung davon zulasse.

Das Gift solle man durch einen trocknen Schröpfkopf ausziehen [106] und wenn die Stelle es zulasse, brennen [107]; wenn das nicht angehe, ätzen [108], auch Blut entziehen [109]. Manche brächten den Kranken sofort in ein Bad [110]. Das einzige Hülfsmittel sey, ihn unvermuthet ins Wasser zu stürzen [111].

Agathinos aus Sparta, der Stifter der eklektischen Schule, empfahl gleich im Anfange des Leidens Niesswurz [112], über welche er eine eigne Schrift verfasst hatte.

Soranos bezeugte, selbst gesehen zu haben, wie ein solcher Kranke beim Anblicke des Wassers erschüttert wurde und aufgefordert, Flüssigkeit

---

dumtaxat rufum, ex aceto impositum et muris aranei caudae cinis, ita ut ipse, cui abscissa sit, vivus dimittatur etc. etc.

105) De Medicina. L. V. XXVII. 2. Solet ex eo vulnere, ubi parum occursum est, aquae timor nasci: ὑδροφοβίαν Graeci appellant. Miserrimum genus morbi, in quo aeger et siti et aquae metu cruciatur: quo oppressis in angusto spes est.

106) Ebend.: cucurbita virus extrahendum est.

107) Ebend.: Si locus neque nervosus, neque musculosus est, vulnus id adurendum est.

108) Ebend.: Superimponenda ea medicamenta, quae vehementer exedunt. [Ueber derartige Mittel L. V. 6. 7. 8. 9].

109) Ebend.: Si uri non potest, sanguinem mitti non alienum est.

110) Ebend.: Quidam post rabiosi canis morsum protinus in balneum mittunt.

111) Ebend.: Unicum remedium est nec opinantem in piscinam non ante ei provisam projicere, et si natandi scientiam non habet, modo mersum bibere pati, modo attollere; si habet, interdum deprimere, ut invitus quoque aqua satietur: sic enim simul et sitis et aquae metus tollitur.

112) Caelius Aurelianus Acut. L. III. c. 16. p. 233: libro de helleboro conscripto jubet dari helleborum in initio passionis.

zu nehmen, es nicht vermocht habe [113]). Ja er habe beobachtet, wie ein wasserscheues Kind vor den Brüsten der Mutter zurückschreckte [114]).

P. Dioskorides, die Hauptquelle für die Arzneimittellehre des Alterthums, bespricht, nach eigener Erfahrung, ausführlich [115]) diese Krankheit. Was davon zu wissen und dabei zu thun sey, müsse der Arzt gegenwärtig haben wegen der Dringlichkeit der Gefahr [116]). Darum habe auch dieser Gegenstand bei den Alten einen Theil der Therapie ausgemacht [117]). Die Prophylaxis durch Aetzmittel, Brennen, Skarification, Amputation müsse, wenn einer vom tollen Hunde gebissen und die Wasserscheu noch nicht eingetreten sey, besonders ins Auge gefasst werden [118]).

Möge auch der eigentliche Grund des Leidens nicht erkannt werden, das, was die ärztliche Indication erheische, das sey zu begreifen [119]).

Die Ursache, welche ihn bewogen, über den Biss des tollen Hundes sich zu äussern, wäre die, weil es schwierig sey sich davor zu hüten, indem dieses Thier, welches beständig mit dem Menschen umgehe, oft von der Wuth befallen und dadurch zu Grunde gerichtet werde. Ohne viele Schutzmittel bleibe die unvermeidliche Gefahr [120]).

Die Wuth entstehe meistens durch gewaltige Hitze oder Kälte. Sey sie entstanden, so meide der Hund Speise und Trank; aus Maul und Nase fliesse ein reichlicher, schäumender Schleim, er blicke starr

---

113) Ebend. c. 11. p. 221: Sorauns vidisse testatur, in hac passione constitutum sese hortatum liquorem ut sumeret, nec tamen potuisse.

114) Ebend.: se infantem hydrophobum vidisse ubera matris expavescentem.

115) Περὶ ιοβολων (de iis quae virus ejaculantur) ed. C. Sprengel, T. II. p. 42—66. In der Kühn'schen Sammlung. Vol. XXVI.

116) Ebend. p. 43.

117) Ebend. p. 44: Παρὰ μὲν οὖν τοῖς ἀρχαίοις τοῦ θεραπευτικοῦ μέρους ὑπελαμβάνετο οὗτος ὁ τρόπος.

118) Ebend.: ὡς ἐπὶ τῶν ὑπὸ κυνὸς λυσσῶντος δεδηγμένων θεωρεῖται, καὶ μήπω περιπεπτωκότων ὑδροφόβῳ.

119) Ebend. p. 47.

120) Ebend. Cap. 1. p. 57.

und trauriger als gewöhnlich; auf alle Menschen und Thiere stürze er los und suche Bekannte wie Unbekannte zu beissen.

Zuerst veranlasse die Wunde blos Schmerz, dann aber die Krankheit, namlich die Wasserscheu [121]. Diese werde begleitet von Zuckungen, Angst, Röthe des Gesichts, profusen Schweissen.

Manche vermieden den Glanz des Lichtes, manche würden fortwährend gepeinigt, bellten, bissen und theilten so die Krankheit mit [122].

Von den so Befallenen wisse man von keiner Rettung [123], obgleich erzählt werde, dass es dem einen und andern gelungen sey. So theile Eudemos mit, dass einer am Leben geblieben; auch wäre der gebissene Themison lebend davon gekommen; ja man sagt, dass einer, welcher aus liebender Theilnahme bei einem wasserscheuen Freunde ausharrte, dieses Leiden sich zugezogen und nach vielen Beschwerden überstanden habe.

Ausdrücklich bemerkt er: die Krankheit sey eine erschreckliche; „vor ihrem Ausbruche [124] haben wir selbst Viele am Leben erhalten und wissen wir gleiche Erfolge von andern Aerzten."

Der Ausbruch verhalte sich hinsichtlich der Zeit unbestimmt, bis nach 40 Tagen, und, bei Vernachlässigung, wie er selbst erfahren [125], nach einem halben, ja ganzen Jahre.

Unter mehrfachen inneren Mitteln wird namentlich die Niesswurz gerühmt [126], auch [127] Ἄλυσσον [128].

---

[121] Ebend. p. 58: ὕστερον δὲ ἐμποιεῖ πάθος τὸ καλούμενον ὑδροφοβικόν.
[122] Ebend. p. 59: δάκνοντες τοῦ αὐτῶν πάθους κατέστησαν.
[123] Ebend.: μηδένα ἴσμεν περισωθέντα.
[124] Ebend: πρὸ δὲ τῆς πείρας.
[125] Ebend. Cap. 3. p. 64.
[126] Ebend. p. 66.
[127] Περὶ ὕλης ιατρικης, (de Materia medica) L. III. Cap. 95. p. 444.
[128] Ebend.: δοκεῖ δὲ καὶ λύσσαν κυνὸς ἰᾶσθαι.
Was darunter zu verstehen sey, ist kaum zu ermitteln. Im Commentar T. II. p. 536 werden vermuthet Veronica arvensis, montana, Stachys annua etc.

Aretaios, der musterhafte Beobachter und Therapeut, behauptet, der Mensch könne, ohne Biss eines tollen Hundes, blos durch die Ausdünstung von dessen Zunge, die Wuth bekommen [129].

Da, wo er von der Ansteckung durch blosses Einathmen der Elephantiasis handelt, sagt er, dass Eisen und Feuer zur Bekämpfung jenes Uebels erforderlich seyen [130].

Klaudios Galenos, der vielumfassende, gelehrte Wiederhersteller der hippokratischen Medicin, lieferte auch in Betreff der Hundswuth merkwürdige Beobachtungen und überraschende Bemerkungen.

Hundswuth sey das Leiden durch den Biss eines tollen Hundes, wozu Abscheu vor Getränk, Convulsionen, Schlucksen, und Verrückung des Verstandes sich gesellten [131].

Es bilde sich eine solche Verderbniss der Säfte, dass der blosse Speichel, an den Körper des Menschen gebracht, die Wuth erzeuge [132].

Bei giftigen Thieren entwickle sich eine solche Kraft der Mittheilung, dass schon die Berührung Umänderungen hervorzubringen vermöge. Es geschehe, wie beim Zitterfisch [133] und beim Magnet [134], welcher das Eisen anziehe [also Elektricität und Magnetismus!].

Einzig durch Berührung bewirkten die kleinsten Dinge die grösten Veränderungen [135].

Die Wasserscheu werde verursacht durch die höchste Trockenheit in den festen Theilen, welche, durch die natürliche Wärme vermehrt, zur feurigen sich umwandle [136].

129) De Causis et signis acutorum morborum L. I. c. 7: ἀπὸ γλώσσης κυνὸς εἰςπνεύσαντος μοῦνον ἐς τὴν ἀναπνοὴν, οὔ τι μὴν ἐνδακόντος, λυσσᾷ ὁ ἄνθρωπος. Ed. F. Z. Ermerins. Traj. ad Rhen. 1847. 4. p. 11.

130) Diut. L. II. c. 13: σίδηρα καὶ πῦρ.

131) Definitiones medicae. CCLV. T. XIX. ed. Kühn. p. 418: ὑδρόφοβος ἐστι πάθος ἐπὶ δήγματι κυνὸς μαινομένου γιγνόμενον μετὰ τοῦ ἀποστρέφεσθαι τὸ ποτὸν καὶ σπᾶσθαι καὶ λύζειν. ἐπιγίγνεται δὲ αὐτοῖς καὶ παρακοπή.

132) De locis affectis. L. VI. Cap. 5. T. VIII. p. 423: ὥστε τὸ σίαλον αὐτοῦ μόνον ἀνθρωπίνῳ σώματι προσπεσὸν ἐργάζεται λύτταν.

133) Ebend. p. 421: τῶν θαλαττίων ναρκῶν.

134) Ebend. p. 422: τὴν Ἡρακλείαν λίθον, ἣν καὶ μαγνῆτιν ὀνομάζουσιν.

135) Ebend.: σμικρὰν οὐσίαν ἀλλοιώσεις μεγίστας ἐργάζεσθαι μόνῳ τῷ ψαῦσαι.

136) In Hippocratis Praedictionum Librum I. Comment. 2. LI. p. 621. T. XVI.

Er gebraucht den schwer zu bekämpfenden Krankheitsfall zur Vergleichung [137], z. B. da, wo er von der verschiedenen Behandlung der Aerzte redet, indem ein Theil derselben bei dem Leiden durch den Hund für Blutentziehung, ein anderer dagegen, wie auch gegen Anwendung der Kälte, sich erklärten.

Das Gift [138] verursache den Tod zuweilen nach langer Zeit, nach 2, 3, 4 und mehr Monaten [139]. Er selbst habe einen gekannt, der erst nach einem Jahre die Wasserscheu bekommen habe.

In Betreff der Behandlung äussert er sich umsichtig [140]. Er tadelt die Methodiker, welche, weil das Uebel sich als ein tödtliches erweise, gar nichts dagegen thun wollen.

Allerdings sey Hydrophobie die schlimmste Krankheit [141]; denn nicht nur der Körper werde auf das heftigste ergriffen, sondern auch die Seele [142] und veranlasse die schwersten Zufälle. Aber da ähnliche Erscheinungen sich auch zeigten nach dem Bisse eines nicht tollen Hundes, so verlange der Fall die sorgfältigste Untersuchung. Ohne eine solche könne der Tod einzig als Folge der unterlassenen Prüfung erfolgen.

Für toll sey ein Hund zu halten [143], der mitgerötheten Augen, hängendem Schwanze, Schaum aus dem Maule, vorgestreckter, gelblich gefärbter Zunge, Jedermann anfalle und beisse.

Eine von einem solchen beigebrachte Wunde müsse ausgeschnitten und dafür gesorgt werden, dass sie vor 40 Tagen nicht vernarbe, damit das eingedrungene Gift [144] ausfliesse.

An empfohlenen Mitteln lässt er keinen Mangel. So werden die

---

137) Method. Med. L. IX. Cap. 5. p. 627: ὥσπερ ὑδροφόβους τοὺς λυττῶντας.
138) ὁ τοῦ κυνὸς ἰός. In Hippocratis Praedictionum Librum I. Comment. 2. LI. p. 621. T. XVI.
139) Ebend. p. 620. 621.
140) Ad Pisonem de Theriaca cap. 16. T. XIV. p. 277—281.
141) Ebend.: τὸν κάκιστον τῶν νοσημάτων.
142) Ebend.: γνώμη παρανοεῖ καὶ τὸ χαλεπώτατον φέρει σύμπτωμα.
143) Ebend.: λυττῶντα γεγονέναι τὸν κύνα.
144) Ebend. p. 280: ἰὸς τοῦ κυνός.

in Versen angerathenen Gegengifte des Damokrates [145]) angeführt, ferner die von Aelius Gallus [146]), Antoninus Cous [147]) etc., ebenso Theriak [148]), Hera [149]), die Asche des Flusskrebses [150]), die gebratene Leber [151]) eines tollen Hundes, Alysson [152]) etc.

Mit Galenos hören die selbständigen Forscher auf. Während bei ihm für die verschiedenen Gebiete der Medicin eine reiche Fundgrube sich findet, wird die Ausbeute bei den Nachfolgern immer schwächer, blos auf die eine oder andere Doctrin beschränkt. Die objective Beobachtung der Alten und deren Bemühen, die Ursachen zu ergründen, verliert sich, mit wenigen Ausnahmen, in einer Sucht, die Symptome der Krankheit nach Schulansichten von der Lehre der Säfte zu erklären. Statt die Erscheinungen eingehend zu prüfen, werden, auf blosse Auctoritäten hin, Mittel auf Mittel empfohlen ohne hinreichende eigene Erfahrung.

Magnos aus Ephesos [153]), ein Zeitgenosse Galen's, suchte den Grund der Hydrophobie im Herzen, Magen, Zwerchfell, im Kopf und in den Därmen.

Aelianos giebt an [154]), dass auf Creta ein Tempel der Artemis Rokkaea sich befände, um welchen die Hunde heftig toll würden [155]) und vom Vorgebirg ins Meer sich stürzten.

145) Ebend. p. 195: *Ἀντιδοτὺς πρὸς τὰ τῶν λυσσώντων κυνῶν.*
146) Ebend. p. 158.
147) Ebend. p. 168.
148) Ebend. p. 204.
149) De compositione medicamentorum per Genera. L. I. c. 16. T. XIII. p. 431.
150) De simplicium medicamentorum temperamentis ac facultatibus L. XI. Cap. 1. 10. T. XII. p. 356.
151) Ebend. p. 335.
152) Ebend. L. VI. Cap. 1. 24. T. XI. p. 823.
153) Caelius Aurelianus Acut. L. III. c. 14. p. 225: secundo libro epistolarum ait sigillatim esse dicendum, omnia, quae difficultate motus in hac passione afficiuntur, pati, hoc est cor, stomachum, diaphragma, caput, ilia.
154) De Natura Animalium. Lib. XII. 22. Ed. Fr. Jacobs. Jenae. 1822. 8. p. 275.
155) Ebend.: *ἐνταῦθα οἱ κύνες λυττῶσιν ἰσχυρῶς.*

Oribasios hat in seinem Sammelwerke aus früheren Autoren über die Hundswuth nichts Eigenes. Um sie zu verhüten, werden seltsame äussere und innere Mittel angerathen [156]. Das Gleiche findet sich in einem ihm zugeschriebenen Kapitel über die von tollen Thieren Gebissenen [157].

Aetios, nach seinem Geburtsorte Amida Amidenus genannt, befleissigte sich nicht nur im Zusammentragen der älteren Ueberlieferungen, sondern bemühte sich sie durch eigene Beurtheilung zu bereichern.

Die Wuth der Hunde entstehe durch atmosphärische Einflüsse [158].

Man müsse sie ängstlich fliehen, denn alle, welche gebissen, vernachlässigt oder unrichtig behandelt würden, verfielen in Wasserscheu [159].

Die ausführlichen Mittheilungen aus Rufos und Posidonios sind interessant [160].

Die Hunde seyen so sehr ohne Verstand, dass sie die ihnen bekanntesten Personen nicht erkennen, ja gerade diese angreifen. Träge und träumerisch gingen sie einher und liefen sie schnell, so geschähe dieses unordentlich.

Furcht sey zur Ausbildung der Krankheit ein wesentliches Moment, wie der Philosoph bewiesen habe, der, gebissen, sich die Gefahr durch einen guten Einfall ausgeredet habe.

Uebrigens müsse, nach einem Bisse, die noch so kleine Wunde so rasch als möglich erweitert werden, damit viel Blut sich entleere; dann sey sie zu brennen.

Paulos von Aigina (Aegineta) erweist sich, bei allem Anschlusse an seine Vorgänger, als selbständiger Heilkünstler, namentlich in Betreff

---

156) Ad Eunapium de morb. curat. L. III cap. 72. Venetiis. 1558. p. 164.

157) *Περὶ λυσσοδήκτων* in Oeuvres d'Oribase par Bussemaker & Daremberg. Paris. 1862. 8. T. IV. p. 623.

158) Tetrabibl. L. VI. cap. 33. p. 106. 54. ed. Ald. fol: *ἐπικτῶνται κατὰ τὸ θέρος ἐκ τοῦ περιέχοντος ἡμᾶς ἀέρος ἑτέραν θερμότητα καὶ ξηρότητα καὶ τῇ ἀμετρίᾳ τῆς δυσκράσεως, ὑπὸ μούνοισι, μανίαν, ἣ καλεῖται λύσσα.*

159) Ebend. *Τοιούτους κύνας ἐκκλίνειν δεῖ· πάντες γὰρ ὡς ἐπιπολὺ οἱ δηχθέντες ὑπὸ κυνὸς λυσσῶντος ἀμεληθέντες ἢ κακῶς θεραπευθέντες, ἐμπίπτουσι τῷ ὑδροφοβικῷ πάθει· καὶ μάλιστα οἱ κακόχυμοι τοῦτο πάσχουσιν.*

160) M. vergl.: Tetrabibl. Sermo II. c. 34. p. 287—90. Basileae. 1542. fol.

der Chirurgie. Sein Abschnitt [161]) über den Biss des tollen Hundes und die Wasserscheu verdient Beachtung.

Der tolle Hund erheische die grösste Aufmerksamkeit, weil er, mehr als andere Thiere, mit dem Menschen zusammenlebe, häufiger als sie von der Wuth befallen werde und die Sicherung davor sehr schwierig sey. Grosse Hitze verursache sie leichter als grosse Kälte.

Die Geschichte lehre, dass keiner, der an dem wirklichen Uebel leide, dasselbe überlebe, höchstens nur der eine oder andere, welcher nicht vom Hunde, sondern vom Menschen durch den Biss es erlangt habe. Durch eine angemessene Behandlung erfolge jedoch, vor dem Ausbruche, die Rettung vollständig.

Um sich zu überzeugen, ob der Hund wirklich toll sey, könnte, wie auch schon Oribasios angerathen, ein Versuch in der Art vorgenommen werden, dass man zerschnittene Wallnüsse auf die Wunde lege und diese nachher den Hühnern vorwerfe. Zuerst blieben sie weg davon, der Hunger aber zwinge sie jene zu fressen. Wäre nun der Hund nicht toll, so blieben die Hühner am Leben, im Gegentheil stürben sie am folgenden Tage.

Joannes, bekannt unter seinem Titel Aktuarios, dessen Schriften wir fast nur aus lateinischen Uebersetzungen benutzen können, kömmt bei verschiedenen Gelegenheiten auf die Hundswuth. Er schildert die Zeichen [162]) des tollen Hundes sowie der Krankheit [163]) und äussert sich über die ungewisse Zeit [164]) des Ausbruchs.

161) Nach dem Griechischen Texte L. V. c. 3. Basileae. 1538. fol. p. 161. Nach der Uebersetzung des Günther von Andernach. Argentorati. 1542. fol. p. 246. 47.

162) Methodus medendi. L. VI. c. 11. ed. Mathisius. 1554 4. p. 311: potum cibumque aversatur, multumque pituitae spumosae ore et naribus profundit, et pravis oculis intuetur, ac solito est tristior: sine latratu beluas et homines, notos juxta ac ignotos nullo discrimine invadit.

163) Ebend. 312: Ubi momordit, nihil molestiae statim, praeter dolorem e vulnere, infert: sed processu vitium, quod ab aquae formidine ὑδροφοβικὸν Graeci nominant, progignit: oboritur autem it, cum nervorum convulsione ac totius corporis rubore; praecipue totius faciei sudore et anxietate. Nonnulli ex demorsis lucem fugitant, alii perpetuo moerore contabescunt; sunt qui canum more oblatrant et obvios demordent, mordentesque ejusdem mali authores evadunt.

164) Ebend. p. 313: haudquaquam praescriptum statutumque habere diem, quo

Die Wunde müsse offen erhalten werden, damit das Gift ausfliesse, denn sonst verursache dasselbe Wasserscheu [165]). Er stimmt für Ausschneiden und Brennen [166]) und rühmt das Pflaster aus dem rothen Atramentsteine [167]).

Vegetius Renatus, ein angenommener Name des Uebersetzers eines griechischen Werks über die Thierarzneikunde, spricht nicht blos von der Wuth der Hunde [168]), sondern auch des Rindviehs [169]). Man soll sie brennen und an dunkle Orte bringen [170]), damit sie das Wasser weder erblicken, noch, wenn solches in ein Gefäss gegossen werde, hören [171]).

---

ingruat ... interdum post sex menses et anno elapso invadere contigit, ut nos experientia comperimus.

165) Ebend. L. IV. c. 16. p. 175: si praepropere affectus cicatricem contrahit, virus interceptum ad praestantes usque partes procurrit, atque in furorem, ac malum quod ab aquae formidine ὑδροφοβικὸν appellant.

166) Ebend. L. VI. c. 11. p. 312.

167) Ebend. L. VI. c. 8. p. 296: emplastrum e chalcitide.

Chalcitis, als Vitriolum atramentarium aufgeführt, Sory als Lapis atramentarius griseus, dienten zum Trocknen und Zusammenziehen. Gewöhnlich wird jetzt dafür schwefelsaures Zinkoxyd, Vitriolum album oder schwefelsaures Eisenoxydul, Vitriolum viride, genommen.

168) Artis veterinariae s. Mulomedicinae L. V. cap. 83. Script. rei rusticae ed. J. G. Schneider. T. IV. p. 251: Canis rabiosi et jumentis et hominibus exitium inferre consuevit, usque eo ut ipsos qui contacti fuerint hydrophobos faciat et convertat in rabiem.

169) Ebend. L. V. cap. 30. p. 203: Aliquando jumenta aquas timent, quae dicuntur hydrophoba.

170) Ebend. L. V. cap. 83. p. 251: Locum qui morsus est, ferreis, vel quod utilius est, cuprinis cauteriis urito, in loco tenebroso eum constituito. Sic eum adaquabis in tenebris, ne aquam videat.

171) Ebend. L. V. cap. 30. p. 203: in loco clauso, ut lumen videre non possit constitues, magno silentio aquam in situla vel alveo ita apponis, ut non audiat sonitum.

Von Osten her.

Aus dem Lande, aus dem die ältesten Nachrichten des Menschengeschlechts stammen, wo die Wiege der Cultur stand, und wovon aus die früheste Bildung sich verbreitete, aus Indien, drang auch Kunde von der Hundswuth, wenn gleich nur eine schwache.

Die dortigen Weisen (Brahmanen), welche zugleich Aerzte waren, bemühten sich uralte Sagen als geoffenbarte Weisheit geltend zu machen, ihre Curen hauptsächlich durch Anordnung einer zweckmässigen Lebensordnung, durch Diät oder durch magische Mittel, zu vollziehen.

Erst allmälig, als man angefangen hatte den Körper anatomisch zu untersuchen, einzelne Krankheiten mit besonderen Arzneien zu behandeln, Gegengifte zu gebrauchen, erhob sich die Medicin (Lebenswissenschaft, Ayurveda) zur besonderen Kunst. Einen Beweis lieferte das unter dem Namen Susruta bekannte Werk, angeblich von einem Schüler des Götterarztes Dhanvantari.

Darin heisst es [172] über den tollen Hund (alarka): er laufe mit herabhängendem Schweif, mit vielem Speichel versehen, übermässig taub und blind, auf einen Andern los. Wer von ihm gebissen werde, der werde tobsüchtig; er ahme dann Thun und Laut des Uebelthäters nach und ohne ärztliche Behandlung sterbe er. Den erkenne man als wasserscheu, der, wenn er Wasser sieht oder hört, heftig erschrecke.

Die Cur wird ausführlich abgehandelt, jedoch mehr mit inneren, wenig eingreifenden Mitteln [173], z. B. Kuchen aus den Blättern des Stechapfels, auf einem Kreutzwege Bädern, wobei die Ingredienzen mit Sprüchen versehen seyn müssen etc. Ueber den innern Vorgang wird bemerkt: „Der Mann, bei welchem das Gift von selbst in Wallung geräth, der stirbt; deshalb soll man es rasch in Wallung bringen, ehe es von selbst in Wallung geräth."

An verschiedenen Stellen des Werks werden animalische wie vege-

---

172) Suçruta. Calcutta. 1837. 8. T. II. p. 281, 12.
173) Ebend. p. 282, 10. 283, 13.

tabilische Gifte abgehandelt; allein da, wo von der Anwendung des Brennens bei vergifteten Wunden die Rede ist, vermisst man [174]) die Erwähnung des Bisses von tollen Hunden.

Nach Angaben aus diesem Jahrhundert soll in Hindostan [175]) die Hundswuth sehr häufig vorkommen, veranlasst durch die grosse Zahl herrenloser, schlecht genährter Hunde und die unermessliche Anzahl der Schakale, in denen das Contagium entstehe.

Die Juden haben die Hundswuth wahrscheinlich schon deswegen gekannt, weil sie in Aegypten vorkam [176]).

In der Bibel wird diese Krankheit nicht erwähnt. Das Wort Hund (Kelb) sieht man nur gebraucht als Bild der Schamlosigkeit, des wilden Herumlaufens, der Treue.

Findet sich nun gleich das eigenthümliche Uebel derselben nicht angegeben, so geht daraus nicht hervor, dass es in jenem Lande nicht von Zeit zu Zeit sich gezeigt habe.

Da man den Aussatz durch Isolirung, Reinigung des Körpers und dargebrachte Sühnopfer zu heilen suchte, nach dem herrschenden Grundgedanken, menschliches Wissen und Können vermöge davor nicht zu schützen, sondern die Hülfe Gottes müsse erfleht werden, so liegt die Vermuthung nahe, auch gegen die Hundswuth würden keine leiblichen Mittel angewandt worden seyn; allein so scheint es sich nicht verhalten zu haben.

Aus der 300 Jahre nach Christus veranstalteten Sammlung von Ge-

---

[174] M. vergl. die lateinische Uebersetzung: Suśruta. a Fr. Hessler. Erlangae. 1844. 8. Cap. 28. p. 71. Therapia. Cap. 1. p. 51—60. Antidotorum doctrina. Cap. 2. p. 216.

[175] John Henderson (Observations on the Diseases prevalent among the Nations of Hindostan) sagt: Hydrophobia is peculiarly common in this country, owing to the immense number of pariah dogs, without masters and but poorly fed, and to the myriads of jackals with whom it is probable that the virus generally originates (Edinburgh med. and surg. Journal. Vol. 24. 1825. p. 46).

[176] M. s. vorher Horopollo S. 25.

setzen und Einrichtungen geht hervor, dass die Hundswuth gekannt war und dass man materiell dagegen verfuhr.

Der Hund heisst darin ein irrsinniger [177] (Keleb schoteh) und es werden nicht blos seine Kennzeichen aufgeführt [178], sondern es wird auch ein Mittel gegen den Biss empfohlen [179].

Die Perser glaubten ursprüglich an die Heilkraft der Lichtgeister und hielten es für nothwendig, um Gesundheit zu erlangen, der Gewalt der bösen Geister durch Frömmigkeit und Busse sich zu entziehen. Materielle Hülfe kam kaum in Betracht. So ist es nicht zu verwundern, wenn von einer eigentlichen Behandlung der schlimmsten Uebel keine nähere Angabe erhalten ist.

In ihren Religionsschriften findet sich jedoch der tolle Hund, und heisst [180] der lautlose, nicht bei Verstand seyende [181]. Er bekam einen Knüppel um den Hals und wurde festgebunden; biss er, so wurde er verstümmelt.

In der neuesten Zeit [182] scheint dort die Krankheit nicht beobachtet worden zu seyn.

Dass in Arabien die Tollheit der Hunde (Kalb Kalib) bekannt

---

177) M. vergl. vorher §. VII. S. 7.

178) Thalmud Babyl. Tract. Joma. fol. 83, 6.: »Fünf Dinge werden von einem tollen Hunde angegeben: Sein Maul ist offen, sein Geifer fliesst, seine Ohren sind herabhängend, sein Schwanz liegt auf seinen Lenden und er geht auf den Seiten der Strassen. Einige sagen, er belle; aber man hört seine Stimme nicht«.

179) Ebend. fol. 84, a: »Wen ein toller Hund gebissen hat, dem giebt man von der Leber desselben zu essen«. M. vergl. früher Plinius S. 34. und Galenos S. 40.

180) Avaçâo adhâityokhratus: Avesta die heiligen Schriften der Parsen. Uebersetzt von Fr. Spiegel. Leipzig. 1852. 8. Bd. I. Vendidad XIII, 80 etc. S. 195.

181) M. vergl. früher §. VII. S. 8.

182) J. E. Polak (Persien. das Land und seine Bewohner. Leipzig. 1865. 8. Th. 1. S. 85) sagt: »Obwohl ich viele Bisswunden gesehen, kam doch kein Fall von Wuth zu meiner Kenntniss«.

war, geht daraus hervor, weil nicht nur ihre Aerzte, sondern auch Nichtärzte, eine allgemeine Kunde davon hatten und sie genau schilderten. Die Annahme, sie hätten jene blos durch auswärtige Beschreibungen kennen gelernt, erscheint unzulässig, weil sicherlich der eine oder andere Schriftsteller bemerkt haben würde, die Krankheit existire nicht in ihrer Heimath. Im Gegentheil wird sie wie eine andere, die zuweilen sich zeigt und alle Kunst in Anspruch nimmt, besprochen, ja es wird auf eigene Erfahrung verwiesen.

Jahiah Ebn Serapion [aus dem 9ten Jahrhundert] hat ein eigenes Kapitel [183] über den tollen Hund, worin es heisst: Nachdem er weder frisst noch säuft, durstet, rauh bellt, den Schwanz einzieht, seinen Herrn nicht erkennt, verfällt er zuletzt in Wasserscheu [184]. Die Hunde, welche er beisse, würden gleichfalls toll, und von den gebissenen Menschen habe er nie gesehen, dass einer genesen sey [185]. Um Flüssigkeit beizubringen, solle man Stückchen Honig oder Wachs, worin jene eingeschlossen, in den Mund [186] stecken.

Rhazes (Muhammad Ben Zachariah Abu Bekr Arrasi) [† 922] erklärte [187] den Biss eines tollen Hundes für so bedenklich, dass es unerlässlich sey, genau zu bestimmen, wodurch sich die Krankheit zu erkennen gebe, um ein solches Thier fliehen zu können oder es zu tödten.

Nachdem er die Zeichen aufgeführt, setzt er die Behandlung auseinander, obgleich er bekennt, keine Hoffnung auf Rettung zu haben.

Man müsse die Wunde gleich skarificiren und viel Blut ausfliessen lassen, dann solche Mittel überlegen, welche sie offen erhielten und das Zuheilen verhindern, wie Anacardium; auch müsse man sie brennen.

---

183) Practica dicta Breviarium [andere Titel sind: Aggregator, therapeutica methodus] Venetiis. 1497. fol. Tractatus V. cap. 17. p. 43.
184) Ebend.: In fine accidit aegritudo quam nominant timor aquae.
185) Ebend. auf der andern Seite.
186) Ebend.
187) Liber Rasis ad Almansorem. Tractatus VIII. Cap. 10. Venetiis. 1500. fol. p. 36 andere Seite.

Ebn Sinah (Avicenna) [† 1036], dieser umsichtige und gelehrte Arzt, bespricht in einzelnen Kapiteln [188] den Biss des tollen Hundes, die Folgen davon, den Unterschied zwischen dem Bisse eines tollen und nicht tollen Hundes, sowie die Cur.

Die Wuth sey eine Umänderung der natürlichen Beschaffenheit des Hundes in eine bösartige durch Einfluss der Luft, unreiner Speisen und Getränke, einer heftigen Hitze, welche seine Säfte in Wallung versetzen oder der Kälte, welche sein Blut dicht mache. So komme es, dass er hungernd nicht fresse, durstend nicht saufe, beim Anblick des Wassers es verabscheue und vor ihm zusammenschaudere.

Sein Augenlicht werde getrübt, die Augen würden geröthet, sein Anblick erschreckend; er suche die Einsamkeit, erkenne seinen Herrn nicht mehr, strecke die Zunge heraus, aus seinem Maule fliesse schaumiger Speichel, er halte den Kopf gesenkt, sein Gang sey ängstlich, unsicher, er laufe auf jeden Gegenstand zu, gleichviel ob Mauer, Baum oder Thier; die andern Hunde wichen vor ihm aus, nähmen die Flucht.

Werde ein Mensch von einem solchen gebissen, so verursache die Wunde zuerst nur Schmerz, wie jede andere; aber bald darauf werde der Schlaf gestört, es komme zu einer Neigung zu Zornausbrüchen und zur Verwirrung des Verstandes. Dann stellten sich Krämpfe ein. Lichtscheue, Schlucksen, Trockenheit des Mundes, zuweilen Saamenerguss [189], Urinverhaltung, kalte Schweisse, Ohnmacht, Tod.

Unternehme der Kranke einen Versuch zu trinken, so wäre ihm zu Muthe, wie wenn er erdrosselt würde; die Stimme verlasse [190] ihn.

Habe er nach dem Ausbruche der Wasserscheu einen Andern gebissen, so entstehe bei diesem das gleiche Leiden.

Die Cur bestehe hauptsächlich darin, dass das Gift ausgeleert werde,

---

188) Canon medicinae. Venetiis. 1595. fol. T. II. p. 220—24. L. IV. Fen. 6. Tract. 4. cap. 5. 7. 8. 9.

189) Ebend. Cap. 7. p. 221: projectio spermatis sine desiderio.

190) Ebend.: Abscinditur vox et fit sicut apoplecticus, non valens tolerare ut clamet.

um nicht in die Tiefe zu dringen [191]). Dazu werden massenhafte Vorschriften ertheilt.

Unter den inneren Arzneimitteln finden sich namentlich die Canthariden angerathen, weil, wenn der Kranke darnach Blut urinire, er Sicherung erlange vor der Scheu des Wassers [192]).

Erhole sich der Kranke, so müsse man ihn behüten in einen Spiegel zu blicken [193]), indem er sich einbilden könnte, dort auch den Hund zu schauen.

Jácût, der gelehrte Reisende und Schriftsteller [194]) [† 1229], spricht von dem Hundsbrunnen [195]) bei einem Dorfe von Haleb [196]). Er sagt: Ibn el-Askâfi, welchen ich darnach fragte, was man sich von diesem Brunnen erzähle, dass nemlich ein von einem tollen Hunde Gebissener, wenn er daraus trinke, geheilt werde, versicherte, dass das vollkommen richtig und zweifellos sey und fuhr fort: Vor einigen Monaten kamen drei Männer in unsere Gegend und erkundigten sich nach dem Dorfe; sie wurden dahin beschieden und als sie in die Feldmark desselben gelangten, wurde einer von ihnen sehr unruhig und äusserte zu seinen Begleitern: bindet mich, damit nicht einer von euch durch mich zu Schaden gelange. Es waren nemlich schon 40 Tage verflossen, seitdem er gebissen worden war. Er wurde also gebunden und als er zu

---

191) Ebend. Cap. 9. p. 222: Trahis quod tibi possibile est, tunc occupare in evacuando.

192) Ebend. p. 244: Quum minxerit sanguinem, tunc jam securabitur a timore aquae.

193) Ebend. p. 223: ut non cognoscat faciem suam in speculo. Dixerunt enim, fortasse ipse cognoscit faciem sui ipsius et fortasse imaginatur post illud, quod in speculo sit canis.

194) M. vergl. über ihn F. Wüstenfeld in den Nachrichten von der K. Gesellschaft der Wissensch. zu Göttingen. 1865. N. 9. S. 333 etc.

195) M. vergl. die Angabe über eine ähnliche, von Pausanias erwähnte, Quelle S. 33.

196) In seinem geographischen Wörterbuche. Herausgegeben von F. Wüstenfeld. Leipzig. 1867. 8. Bd. 2. S. 18.

dem Brunnen kam, und von dessen Wasser trank, starb er. Die beiden andern, bei denen noch nicht 40 Tage verflossen waren und auch von dem Wasser des Brunnens getrunken hatten, wurden geheilt. Das ist nemlich die Regel: wenn der Gebissene 40 Tage vorübergehen lässt, findet er keine Heilung; im Gegentheil, wenn er davon trinkt, wird sein Tod beschleunigt; wenn er aber davon trinkt, ehe 40 Tage verflossen sind, wird er geheilt".

El Cazwini, [197]) ein vielseitig gebildeter Encyclopädist, [aus dem 13ten Jahrhundert] giebt folgende Beschreibung der Hundswuth: „Den Hund befällt im Sommer ein Zustand, dass er toll wird, weil seine an sich schon heisse und trockne Körperbeschaffenheit durch die Hitze und Trockenheit vermehrt wird. Die Galle gewinnt bei ihm die Oberhand und es entsteht bei ihm diese Krankheit, wodurch sein Speichel zu einem tödtlichen Gifte wird und schwer zu heilen ist. Die Anzeichen hiervon sind: beständiger Durst, Röthe der Augen, Hängenlassen des Kopfes, Verdrehen des Halses und Einziehen des Schwanzes zwischen die Beine. Wenn er geht, geht er furchtsam, kriechend, schwankend, als wäre er betrunken, traurig, niedergeschlagen; er strauchelt bei jedem Schritte, und wenn ihm etwas zu Gesicht kommt, läuft er darauf zu und greift es an, gleichviel ob Mauer, Baum oder ein lebendes Geschöpf [198]). Sein Angriff geschieht ohne Bellen, im Gegensatze zu andern Hunden; er ist schweigsam, verwirrt; wenn er bellt, so ist der Ton rauh; die Hunde kennen ihn und fliehen vor ihm. Der Biss eines solchen Hundes ist schwer zu heilen".

Eine weitere Fortsetzung der Beweismittel für das frühe Vorkommen und die ehemalige Beurtheilung der Hundswuth scheint im Interesse der

---

197) Zakarija Ben Muhammed el Cazwini's Kosmographie. Theil I. S. 403. M. s.: über den Verfasser F. Wüstenfeld in den Göttingischen gelehrten Anzeigen. 1848. St. 35. S. 345 etc.

198) Fast mit denselben Worten wie bei Ebn Sinah s.: S. 92.

Sache nicht geboten. In Herbeischaffung des Materials lag blos die Absicht vor, bei dieser Untersuchung Jedem das eigene Urtheil zu erleichtern.

Rückblick und Schluss.

Die ersten Nachrichten von der Hundswuth lauten mythenhaft, weswegen es nicht möglich ist, die Zeit ihres Ursprungs zu bestimmen.

Bei allen Völkern bildete sich eine Heilkunst allmälig aus den Gebräuchen der Priester und den Erfahrungen der Bewohner, wobei Vorurtheile, Aberglaube, dann Schulmeinungen die Thatsachen erschwerten und entstellten.

Dazu bei dieser Krankheit der uralte Glaube an Kynanthropie, dass der Mensch in einen Hund verwandelt werden könne, wodurch Verwirrung wurde zwischen Wahn und körperlicher Störung.

Erschien die wirkliche Krankheit als bedeutendes Uebel, so wurde sie als Schickung dem Zorne und der Strafe der Götter zugeschrieben. Das Bestreben des Betheiligten blieb blos darauf gerichtet, jene durch Ceremonien zu beruhigen und zu versöhnen.

Die Geringfügigkeit der aufgezeichneten Spuren des frühesten Vorkommens dieses eigenthümlichen Leidens sind auch wohl dadurch zu erklären, dass wenn nicht eine bekannte, berühmte Person daran zu Grunde ging, keine Notiz davon genommen wurde.

Den Uebelthäter wird man unschädlich gemacht, den Verwundeten nach der Landessitte, behandelt, begraben und vergessen haben. Der Vorfall blieb ein lokaler, höchstens ein durch Erzählungen erwähnter, nicht wie später, durch die gesteigerten Organe der Mittheilung, ein zur allgemeinen Kenntniss gebrachter.

Dazu die langen Pausen, bis ein ähnlicher Fall sich wieder ereignete, um die Aufmerksamkeit der Kundigen oder gar der Behörden darauf zu lenken.

Da ohne Zweifel gefährliche Verwundungen durch bissige Hunde häufig sich ereigneten, so wird die seltne durch einen tollen blos für eine ungewöhnlich bösartige gehalten, und wenn nur der eine oder andere dadurch zu Grunde ging, nicht als etwas ganz Ausserordentliches angesehen worden seyn.

Einigen bedeutenden Aerzten, welche für ihre und die spätere Zeit als Autoritäten galten, scheint die Gelegenheit der eigenen Beobachtung solcher Krankheitsfälle gefehlt zu haben, weswegen sie auch davon schwiegen, um sich nicht auf fremde Angaben, welche sie ohne Zweifel als nicht ganz zuverlässig erfahren hatten, verlassen zu müssen. So aber wurde der Grund ihres Schweigens nicht ausgelegt, sondern man stand nicht an daraus zu folgern, die Krankheit habe überhaupt nicht existirt. Ein solcher Glaube war allerdings bequemer als eine angestellte mühselige Arbeit über das Alter des eigenthümlichen Leidens.

In manchen Ländern scheint dasselbe häufig, in andern selten, in manchen gar nicht vorgekommen zu seyn.

Ohne Zweifel verhielt es sich ursprünglich auch nicht so schlimm, weil bei der einfacheren Lebens- und Denkart die durch einen Biss erregten Gemüthsbewegungen nicht so heftig empfunden wurden und nicht so ausgeprägt sich äusserten; auch ein derartiger Unfall wie ein anderer, als mehr oder weniger verschuldet, hingenommen und still getragen wurde.

Erst durch die Zunahme der beängstigenden ausgemalten Beobachtungen solcher Krankheitsfälle steigerte sich die Furcht vor ihnen und mit dadurch immer mehr die Zahl der durch die Phantasie erregten Erscheinungen.

Der schlimmen Sitte, den an sich schon traurigen Zustand mit allen Bildern und Farben der Verzweiflung zu schildern, das Grausige noch grausiger darzustellen, ist mit ein Theil der Angst und Gefahr zuzuschreiben.

Hätte diese Krankheit in alter Zeit ebenso die Besorgniss der Bewohner hervorgerufen, wie in späterer, so fänden sich wenigstens bei den Dichtern ergreifende Darstellungen und es wären sicherlich auch gesetzliche Verordnungen dagegen erlassen worden; allein diese sind gar nicht oder nur äusserst spärlich vorhanden.

Auf das Verhüten dieser Gefahr scheint weniger geachtet worden zu seyn, als auf das Bekämpfen der eingetretenen; man überliess den nöthigen Schutz jedem Einzelnen; erst allmälig wurde er Aufgabe des Staats.

Ueberall, wo religiöse Ceremonien die Stelle eines angemessenen Kunstverfahrens vertraten, war mit der geschehenen Abhaltung derselben der Fall vollkomen ausgeglichen und abgethan; an eine weitere Untersuchung oder Aufzeichnung desselben wurde nicht gedacht.

Je mehr die Hülfsvorkehrungen in abergläubischen Gebräuchen und Vorurtheilen, in vielartigen unzureichenden oder verkehrten Arzneien bestanden, die als ehrwürdige Vermächtnisse sich vererbten, um so länger dauerte es, bis eine strengere Prüfung der richtigen Erkenntniss, den einfachen bewährten Mitteln Eingang verschaffte.

Gebildete, erfahrene Thierärzte gab es nicht; die Entscheidung, ob ein Hund toll sey oder nicht, fällte der Abdecker oder Scharfrichter. Und da diese, für unehrlich gehalten, gemieden wurden, so zog es die Mehrzahl der Menschen vor, selbst zu urtheilen und ein verdächtiges Thier ohne Weiteres aus der Welt zu schaffen.

Auch dem Unberufensten war so die Freiheit gelassen, mit der eigenen Ansicht eine ganze Gegend in Angst und Schrecken zu versetzen.

Diesen Uebelständen wurde durch Anstellung kenntnissreicher Thierärzte und angemessene polizeiliche Verordnungen allmälig abgeholfen.

Die Wissenschaft, das ärztliche und humane Bemühen blieben seitdem mit Eifer und Umsicht darauf gerichtet, die wahre Wuth von der blos geglaubten zu unterscheiden, die übertriebene Besorgniss auf ihr natürliches Maass zu beschränken, die erschreckten Gemüther zu beruhigen.

Da die wesentlichen hier in Frage kommenden Punkte schon vor vielen Jahrhunderten von Aerzten und Nichtärzten in unzähligen Schriften erörtert wurden, ohne in der Therapie glückliche Erfolge zu erzielen, so steht zu hoffen, dass in unseren Tagen durch eine weit tiefere Einsicht in die Natur dieses Nervenleidens, selbst in die des sie veranlassenden Contagiums, die davon Befallenen wenn nicht vor dem unvermeidlichen Untergange, doch vor dem gewaltsam Ergreifenden der Behandlung bewahrt werden.

Gelingt es, wie in der Urzeit und bei Kindern, die Menschen durch Belehrung oder moralischen Einfluss dahin zu bringen, nach dem Bisse eines verdächtigen Thiers ruhig zu bleiben, nicht zu erzittern und zu verzagen, die Angst zu bannen, die erregte Phantasie über die möglichen Folgen nieder zu halten, mit Geduld und Ergebung Vertrauen zur Wiederherstellung zu behaupten; lassen zugleich die Gesunden es sich angelegen seyn, statt den Kranken zu beklagen, zu meiden und zu fliehen, ihn durch herzliche Theilnahme und Ermunterung zu erfreuen und zu kräftigen, so wird der leidende Zustand nicht nur weit erträglicher bleiben als bisher, sondern es wird wohl auch, zur Ueberraschung und zum Troste der Mitwelt, das Mittel erfunden werden, welches eintretende bedenkliche Zufälle nicht blos beschwichtigt und beseitigt, sondern den in die Wunde gelangten verderblichen Stoff vollkommen neutralisirt und tilgt.

Inhalt.

Gefahr und Hülflosigkeit der Hundswuth. 1. 2.
Verwechslung mit der symptomatischen und der Beisskrankheit. 2. 3.
Schwierigkeit der Aufgabe. 3.
Prophylaxis durch äussere Behandlung. 4.
Verschiedener Werth der mitgetheilten Beobachtungen. 4.
Die empfehlenswerthesten Schriften darüber. 5.
Theilnahme der Psychiatrie. 6—8.
Erforderniss der Beruhigung durch öffentliche Bekanntmachungen. 8.
Früher mangelhafte oder ganz fehlende Vorkehrungen. 9.
Aenderung durch Einführung der Medicinalpolizei. 10. 11.
Worauf besonders zu achten ist. 11—14.
Wuth nicht immer Hundswuth. 14.
Entstehungsart. 15.
Verschiedenes Verhalten. 15. 16.
Gründe für die verhältnissmässig geringen Spuren im Alterthume. 16.
Glaube an spontane Bildung und Kynanthropie. 17—20.
Anforderung an eine selbständige Arbeit. 20.
Respekt vor der Geschichte. 21.
Ehrenrettung des Coelius Aurelianus. 22—25.
Aegyptische Ueberlieferung. 25.
Mythen. 26.
Homer. 27.
Aristoteles. 27.
Xenophon. 28.
Demokritos. 28.
Epimarchos. 28.
Hippokrates. 29.
Polybos. 29.
Andreas. 29.
Gajos. 30.
Demetrios. 30.

Artemidoros. 30.
Caridemos. 30.
Asklepiades. 30.
Themison. 30.
Eudemos 30.
Virgilius. 31.
Horatius. 31.
Ovidius. 32.
Plutarchos. 32.
Pausanias. 32.
Artorius. 33.
Scribonius Largus. 33.
Plinius. 34.
Celsus. 35.
Agathinos. 35.
Soranos. 35.
Dioskorides. 36.
Aretaios. 38.
Galenos. 38—40.
Magnos. 40.
Aelianos. 40.
Oribasios. 41.
Aetios. 41.
Aegineta. 41.
Aktuarios. 42.
Vegetius. 43.
Inder. 44.
Juden. 45.
Perser. 46.
Serapion. 47.
Rhazes. 47.
Avicenna. 48.
Jacut. 49.
Cazwini. 50.
Rückblick. 51.